Suis-je hypersensible ?

Fabrice Midal

Suis-je hypersensible ?

Enquête sur un pouvoir méconnu

Flammarion | Versilio

© Flammarion, 2021.
© Versilio, 2021.
ISBN : 978-2-0814-5788-1

Sommaire

1. Trop 9
2. Le cadeau 17
3. Test 27
4. Lucky Luke 35
5. Acceptation 43
6. Faux self 51
7. Écorché vif 61
8. Émotions 71
9. Cerveau 81
10. Sorcière 89
11. Je pense trop 97
12. Ancrage 105
13. Cœur 111
14. Jacob 119
15. Surdoué 127
16. Frontalier 137
17. Normalité 145
18. Proust 155
19. Système nerveux 167
20. Silence 177

21. Burn-out	183
22. Performance	193
23. Stress	201
24. Spider-man	207
25. Amoureux	217
26. Sexualité	223
27. Méditation	229
28. Art	237
29. La princesse au petit pois	245
30. Proie	251
31. Narcisse	257
32. Sublime	263
33. Nature	269
34. Darwin	277
Conclusion. Le bonheur	285
Remerciements	289
Du même auteur	293

1

TROP

Bruits, odeurs, émotions, empathie, pensées... Les mille manières d'être trop

J'ai longtemps vécu dans une sorte de chaos, dans une bataille insensée avec moi-même et avec tout ce qui m'entourait. Ma vie ressemblait à un puzzle démonté dont les pièces ne me paraissaient pas s'accorder entre elles ni même avoir un rapport les unes avec les autres. Elles avaient un seul point commun : chacune était un bouillonnement en 3D.

Je rêvais d'être calme, j'étais dans l'hyper, dans l'excès, dans le trop : trop de sensations, trop d'émotions, trop d'idées qui fusaient dans le désordre, trop de pensées qui allaient dans tous les sens et ne me laissaient jamais en paix. Je ne savais pas quoi faire avec l'intensité qui me traversait.

J'avais quatre ans. J'avais pleuré, j'avais crié, ma mère s'était énervée. Et elle n'avait pas transigé. Elle m'avait enfilé un pull en laine identique à celui que portait ma sœur et nous avait tous les deux conduits à l'école. Le soir, j'en pleurais encore. Ma journée avait été un cauchemar : je ne pensais qu'à ce pull qui me piquait, dont ma peau ressentait chaque fibre, qui m'avait littéralement rendu fou. Ma sœur, elle, avait passé une journée tout à fait ordinaire.

La scène s'était répétée le lendemain, le surlendemain, jusqu'à ce que ma mère, qui n'y comprenait plus rien, se range à la raison et m'achète des pulls en coton. Ma joie avait alors été aussi excessive que mon malheur : suffoquant sous la gratitude, je m'étais jeté dans ses bras et je l'avais serrée avec toute la force de mes quatre ans.

Il ne s'agissait pas d'un caprice, mais je ne sais pas si mes parents l'ont jamais compris. J'ai passé mon enfance, mon adolescence à surréagir : aux chaussettes qu'on me forçait à porter la nuit pour me réchauffer, au volume de la télévision, au chaud, au froid, à la foule, aux blagues, aux projets, aux petits gestes de tendresse qui m'amenaient les larmes aux yeux. Objectivement, il ne s'agissait que de détails, mais rien n'était objectif dans ma vie. Je ne connaissais pas la tiédeur. Je passais brusquement du rire aux larmes, de l'enthousiasme au découragement, à travers une gamme infinie de sensations.

Je n'étais pas comme les autres. Leur vie m'apparaissait couler comme un long fleuve tranquille, la mienne était une succession de montagnes russes. Je me passionnais pour ce qui ne les intéressait pas et mes passions, le dessin, la lecture, m'occupaient pendant des heures. À la colonie de vacances où mes parents m'inscrivaient chaque été, je n'essayais même plus de jouer avec les autres enfants. Courir ou grimper ne m'amusait pas, j'étais à part, mais je trouvais toujours le moyen de m'attacher à un adulte, une monitrice ou la directrice, sur qui je déversais les brassées d'amour qui montaient en moi. Les autres avaient besoin de se défouler sur le terrain de jeux ; moi, j'avais besoin d'un vrai lien, de tendresse et de câlins, mais comme toujours avec excès.

J'avais déjà le sentiment de n'avoir aucun contrôle sur moi. J'étais impuissant par rapport à moi-même. Quand je m'énervais, toujours sur le mode « trop », mes parents me demandaient si je me croyais sur une scène de théâtre. Je ne répondais pas, mais ils ne se trompaient pas. Certains jours, j'ai encore l'impression d'être sur cette scène et de passer, en un éclair, de Shakespeare à Louis de Funès, puis de la tragédie la plus déchirante au romantisme le plus exacerbé. C'est parfois embarrassant, toujours exaltant. Que de fois je m'en suis voulu, sans parvenir à me raisonner !

Je m'en suis voulu de mes sautes d'humeur, de mes colères, de mes larmes, de mes exaltations, de mon impossibilité à être « calme », « raisonnable », « zen ». Le trop, je l'ai traîné comme un boulet. Et je l'ai entendu à toutes les sauces : trop émotif, trop affectif, trop réactif, trop excessif, y compris, plus tard, au travail où j'avais toujours l'impression de ne jamais en faire assez.

Pourtant, j'ai multiplié les efforts pour essayer de me couler dans le moule, de « mettre de la distance », comme on me le conseillait. De me limiter à la technique, au factuel, à l'ordre, au froid, qui étaient pour moi une langue étrangère. J'avais fini par apprendre cette langue, en tout cas ses rudiments, mais je retombais très vite dans ce que je considérais être mon grand travers : m'obstiner à tout prendre à cœur, avec mes tripes, et me laisser toucher. En me « détachant », il me semblait « trahir ».

Parfois, cela me rendait de grands services. À vingt ans, je m'enthousiasmais pour la littérature. Avec un ami, nous passions des heures à discuter de grands écrivains vivants dont les textes nous bouleversaient : Claude Simon, Nathalie Sarraute... Porté par un allant qui, je l'ai appris plus tard, est le fruit de l'hypersensibilité, j'avais écrit à ces grands personnages. Est-ce ma sincérité qui les avait touchés ? Plusieurs d'entre eux avaient accepté de me recevoir. Et j'ai eu avec eux des discussions incroyables.

Passer par de telles expériences était illogique, je le sais, mais étais-je seulement capable de logique ? Je connais des personnes admirables parce qu'elles savent aller du point A au point Z sans jamais dévier. Depuis tout petit, ma pensée qui va dans tous les sens me l'interdit. À peine arrivé au point B, le point E m'interpelle avec

Trop

ture, m'occupaient pendant des heures. À la colonie de vacances où mes parents m'inscrivaient chaque été, je n'essayais même plus de jouer avec les autres enfants. Courir ou grimper ne m'amusait pas, j'étais à part, mais je trouvais toujours le moyen de m'attacher à un adulte, une monitrice ou la directrice, sur qui je déversais les brassées d'amour qui montaient en moi. Les autres avaient besoin de se défouler sur le terrain de jeux ; moi, j'avais besoin d'un vrai lien, de tendresse et de câlins, mais comme toujours avec excès.

J'avais déjà le sentiment de n'avoir aucun contrôle sur moi. J'étais impuissant par rapport à moi-même. Quand je m'énervais, toujours sur le mode « trop », mes parents me demandaient si je me croyais sur une scène de théâtre. Je ne répondais pas, mais ils ne se trompaient pas. Certains jours, j'ai encore l'impression d'être sur cette scène et de passer, en un éclair, de Shakespeare à Louis de Funès, puis de la tragédie la plus déchirante au romantisme le plus exacerbé. C'est parfois embarrassant, toujours exaltant. Que de fois je m'en suis voulu, sans parvenir à me raisonner !

Je m'en suis voulu de mes sautes d'humeur, de mes colères, de mes larmes, de mes exaltations, de mon impossibilité à être « calme », « raisonnable », « zen ». Le trop, je l'ai traîné comme un boulet. Et je l'ai entendu à toutes les sauces : trop émotif, trop affectif, trop réactif, trop excessif, y compris, plus tard, au travail où j'avais toujours l'impression de ne jamais en faire assez.

Pourtant, j'ai multiplié les efforts pour essayer de me couler dans le moule, de « mettre de la distance », comme on me le conseillait. De me limiter à la technique, au factuel, à l'ordre, au froid, qui étaient pour moi une langue étrangère. J'avais fini par apprendre cette langue, en tout cas ses rudiments, mais je retombais très vite dans ce que je considérais être mon grand travers : m'obstiner à tout prendre à cœur, avec mes tripes, et me laisser toucher. En me « détachant », il me semblait « trahir ».

Parfois, cela me rendait de grands services. À vingt ans, je m'enthousiasmais pour la littérature. Avec un ami, nous passions des heures à discuter de grands écrivains vivants dont les textes nous bouleversaient : Claude Simon, Nathalie Sarraute... Porté par un allant qui, je l'ai appris plus tard, est le fruit de l'hypersensibilité, j'avais écrit à ces grands personnages. Est-ce ma sincérité qui les avait touchés ? Plusieurs d'entre eux avaient accepté de me recevoir. Et j'ai eu avec eux des discussions incroyables.

Passer par de telles expériences était illogique, je le sais, mais étais-je seulement capable de logique ? Je connais des personnes admirables parce qu'elles savent aller du point A au point Z sans jamais dévier. Depuis tout petit, ma pensée qui va dans tous les sens me l'interdit. À peine arrivé au point B, le point E m'interpelle avec intensité, puis je bondis au point M pour revenir peut-être ensuite au point H. Quand j'étais à l'école primaire, cette arborescence continue avait valu à mes parents d'être convoqués par le professeur de dessin. Il ne comprenait pas pourquoi, quand il demandait de dessiner un bateau et que tous les autres élèves dessinaient le plus beau bateau, j'étais déjà passé à autre chose : j'y ajoutais le quai, puis le soleil, puis un avion, les marins, les oiseaux, les poissons. Tout ce qui me venait à l'esprit, et il me venait tout le temps beaucoup de choses à l'esprit ! Le professeur de dessin estimait que j'étais incapable de me concentrer sur la consigne. Un médecin chez qui mes parents m'avaient conduit leur avait donné la clé : « Votre fils n'a aucun problème, il a beaucoup de choses à dire. Pourquoi voulez-vous le restreindre ? » Lui aussi, je lui avais sauté au cou pour l'embrasser. Mes emballements n'étaient pas toujours bien reçus. Lui avait eu l'intelligence d'en rire.

Je me reconnais encore aujourd'hui dans cette histoire. Car je continue de penser autrement, avec mes intuitions, avec le sensitif qui se mélange à l'émotionnel et irradie le cognitif, avec ma capacité d'être bouleversé par un mot ou une phrase que je lis, d'être émotions là où, me dit-on, seule la raison devrait être présente.

Longtemps, ce fut un boulet. Je me sentais inquiété par quelque chose en moi qui m'était inconnu. Je ne savais jamais à l'avance comment je réagirais à un événement d'apparence anodine, mais qui aurait le pouvoir de me troubler, de me porter, de m'énerver, de m'exalter. Je ne voyais pas de rapport entre mes crises contre les chaussettes, mes mauvaises notes en classe, mes enthousiasmes débordants, mes colères face à l'injustice, mes larmes en lisant un poème, mon besoin d'absolu. J'étais un ovni venu d'une autre planète.

En fait, et c'est encore le cas, tout se passe dans mon cerveau comme s'il n'y avait pas de séparation entre l'hémisphère gauche de la raison et l'hémisphère droit de l'émotion. Les couper l'un de l'autre revient à amputer mon existence, à me transformer en poisson hors de l'eau. Imaginer qu'il y aurait des choses moins importantes que d'autres ou appartenant à un champ clos dénué d'affects ou, à l'inverse, dénué de raison, n'a aucun sens : tout implique pour moi de m'engager de tout mon être, le plus pleinement possible. Certains appellent cela l'hyper-affectivité ; c'est ma normalité.

Parfois, cette intensité a été douloureuse et m'a épuisé. Mais souvent, elle m'a porté dans une sorte de jubilation extatique qui m'a transfiguré, m'a amené à me dépasser, à toucher la vie en moi, à être pleinement. Il m'a fallu du temps pour comprendre que ce trop, sensible, émotionnel, cognitif, pouvait être une chance. Qu'il était même un don si je réussissais à le travailler comme d'autres travaillent leur don pour la musique, pour la cuisine ou pour les mathématiques.

Trop

Tu te reconnais peut-être dans certains traits de ce portrait. Tu t'en veux : tu voudrais tellement être comme tout le monde ! Tu te méprends : en réalité tu as ce don. Je me suis obstiné à le comprendre et j'ai peu à peu appris à mettre en œuvre différentes stratégies qui m'aident, non pas à diminuer le trop, mais à transformer cette avalanche en chance.

Il serait dommage que tu n'apprennes pas, toi aussi, à le faire fructifier et à l'exploiter…

CE QU'IL FAUT RETENIR

• L'hypersensible est bousculé par le trop : trop d'émotions, trop de pensées, trop de sensations, trop d'empathie, trop d'intensité dans sa vie, parfois à la limite du supportable. C'est le trop dans toutes ses facettes, qui ne sont pas identiques pour tous et n'ont pas les mêmes effets. Nous ne sommes pas égaux devant le trop.

• Ce trop amène à surréagir à des stimuli auxquels les autres ne prêtent pas forcément attention.

• C'est parfois insupportable, mais c'est aussi souvent exaltant. Car ce trop qui parfois dérange, perturbe, donne aussi de l'allant. Il est le bonheur d'être vivant.

EXERCICE

Dresse la liste de ce qui est trop pour toi : certaines sensations comme le bruit ou la lumière ? Des émotions qui te submergent ? Une empathie excessive ?

Les identifier est un premier pas.

Une fois que tu as reconnu ces trop, tu peux commencer à faire la paix avec eux, ou au moins à t'adapter à eux.

Si les pulls en laine ou les cols de chemise sont un problème pour toi, note-le et évite-les. C'est simple !

2

LE CADEAU

Prendre conscience de ton hypersensibilité pourra tout changer pour toi

Je donne de moi dans mes livres, dans mes conférences. La raison est facile à comprendre : pour expliquer, j'ai besoin de m'appuyer sur des exemples concrets. Par commodité, je les puise souvent dans mon histoire, dans mon environnement.

Il y a quelques années, j'avais animé aux États-Unis un séminaire consacré à la méditation. Je m'étais évidemment livré à cet exercice – je ne sais pas m'en empêcher. À l'heure du dîner, l'un des participants, un jeune doctorant en neurosciences, avait pris place à côté de moi. Il était passionnant, nous avions poursuivi notre discussion après le repas, jusque tard dans la nuit.

À brûle-pourpoint, il m'avait demandé si je me savais hypersensible. J'étais tombé des nues : cette idée ne m'avait jamais effleuré. Je ne voyais aucun rapport entre ce mot et l'expérience, ou plutôt *les* expériences que je vivais depuis quarante-deux ans, des phénomènes en apparence disparates qui avaient pour seul point commun le « trop » : trop de pensées, trop d'émotions, trop d'empathie, trop de sensibilité. Je me voyais surtout très loin du stéréotype de l'hypersensible tel qu'il dominait à ce moment – et qui persiste encore : une petite chose fragile. J'étais hyperactif, hyperengagé, j'assumais de lourdes responsabilités familiales et professionnelles. J'étais certes sensible, mais hyper ? Certainement pas !

Ma méfiance l'avait fait sourire. C'était, m'avait-il dit, une réaction normale. Il m'avait appris que beaucoup d'entre nous ignorent ou nient leur hypersensibilité. Certains vont jusqu'à la refouler derrière une froideur, une distanciation glaçante. Du coup, ils ne sont pas en paix avec eux-mêmes. Ils trichent et finissent, un jour ou l'autre, par s'effondrer.

J'ignorais tout de ce sujet et, par curiosité, je l'ai écouté. Il s'y intéressait pour ses recherches par le biais de ce qu'il appelait « le processus de filtrage ». Ce processus est facile à comprendre. Nous recevons de notre environnement, en flux continu, des millions d'informations : sensorielles, émotionnelles, cognitives. Notre cerveau possède la merveilleuse capacité de les filtrer avant même que nous ayons conscience de leur existence – faute de quoi elles nous prendraient d'assaut, elles nous engloutiraient tant elles sont nombreuses et ininterrompues. Il était précurseur : des années plus tard, la recherche révélera que des neurones spécifiques et des aires cérébrales comme la zone frontale participent à cette fonction qui protège notre cerveau d'une surcharge délétère.

Chaque individu, avait-il poursuivi, est singulier : nos filtres cérébraux n'ont pas la même puissance. Il les avait comparés à un tamis dont la grille de maillage serait plus ou moins fine selon les individus.

Chez certains, le maillage est très fin, les filtres sont très performants, parfois trop d'ailleurs, et beaucoup d'éléments, d'informations leur restent imperceptibles. Certes, ils ne sont pas parasités par ces éléments qui détournent l'attention de la tâche effectuée, ils sont capables d'une concentration inouïe. Mais, d'une certaine manière, ils sont sous-informés. Leur vie risque d'être monotone.

Chez d'autres, appelés hypersensibles, le maillage est plus lâche et le tri moins rigoureux. De ce fait, ils reçoivent quantité d'informations provenant de différentes sources, que la majorité ne perçoit pas, mais auxquelles ils réagissent – on dira, à tort, qu'ils « surréagissent ». Ils ressentent plus fort les bruits, les odeurs, le froid, la chaleur et jusqu'aux moindres dysfonctionnements de leur organisme. Ils perçoivent toutes sortes de signaux de l'ordre de l'émotionnel et leur répondent avec une certaine intensité – ils ont les larmes aux yeux ou se mettent en colère, ou encore explosent de joie sans que leur vis-à-vis, qui n'a rien perçu d'extraordinaire, comprenne cette réaction. Ce flux important a également un impact au niveau cognitif. Suralimentée en informations, en données, leur intelligence est singulière, plus intuitive : ils « captent » une situation, une solution, sans toujours savoir comment ils l'ont perçue et comprise, et sans jamais passer par les chemins de la logique conventionnelle.

Cet homme m'avait donné deux exemples dans lesquels je m'étais tout de suite reconnu.

Le premier est l'histoire banale d'un ou d'une collègue croisé(e) dans l'ascenseur ou devant l'imprimante. Bien que l'échange soit bref, formel, l'hypersensible sait intuitivement que cette personne a un problème. Cette fulgurance n'est pas de l'ordre du cognitif, mais de la sensibilité : une intonation dans la voix, une tristesse dans le regard, une agitation inhabituelle, d'infimes signes captés dans le flux, difficiles à nommer ou à identifier, l'ont interpellé. Dans de telles situations, l'hypersensible a toujours des doutes bien compréhensibles, voire l'impression de délirer : personne d'autre n'a remarqué que ce ou cette collègue ne va pas bien. Le lendemain, on apprendra que son fils est gravement malade, ou bien qu'il ou elle a reçu sa lettre de licenciement. L'hypersensible a « su » d'emblée et il en a été troublé. Il n'est pas extralucide, il est clairvoyant. L'intensité de la situation l'a bouleversé au point de le laisser mal à l'aise toute la journée.

Le deuxième exemple est tout aussi dérangeant. Nous avons tous vécu des week-ends ou des vacances avec des amis. Le rythme du groupe est façonné naturellement par la majorité. Des excursions sont organisées, les repas sont festifs, les soirées animées. L'hypersensible ne peut pas jouer le jeu très longtemps. Pour lui (ou elle), très vite, c'est trop. Il rate une promenade pour rester lire dans sa chambre. Il va dormir plus tôt. Il s'isole. Il donne l'impression de ne pas participer, d'éviter les autres – qui sont pourtant des amis qu'il apprécie –, de s'ennuyer. Il s'énerve parfois, et peut même exploser. Ses amis le qualifieront de capricieux, ils lui en voudront pour son attitude. Lui-même s'en veut de ne pas être amical, et pourtant il les apprécie. Il va essayer de s'expliquer cette attitude en cherchant un quelconque traumatisme dans son enfance ou que sais-je encore. Pourtant, il n'en est rien : dans cette situation, l'hypersensible est simplement submergé par le flux d'informations qui est trop intense, par tous les signes qu'il capte et que les autres, contrairement à lui, savent trier et laisser de côté. Il est fatigué de ce trop, il a besoin de réduire le champ de son expérience au monde, de sa sensibilité et de ses émotions pour se ressourcer. C'est juste sa modalité d'être.

En écoutant ce jeune doctorant, j'avais l'impression d'un voile qui se déchirait pour me révéler ma réalité. Non, je n'étais pas fou, je n'étais pas bizarre, je n'étais pas anormal. Et surtout, contrairement à ce que j'avais longtemps supposé, je n'étais pas le seul à traverser ces moments de doute, d'étrangeté face à ce que je considérais comme des phénomènes disparates, mais qui avaient donc un lien entre eux : les fulgurances qui me mettaient mal à l'aise, mes réactions parfois excessives, mon besoin de solitude, le sentiment de me perdre quand il y a foule, mon impression d'être anormal, prenaient sens.

Cette nuit-là, je n'ai pas fermé l'œil. Je me suis remémoré tout ce qui m'avait été dit depuis mon enfance, tout ce que je m'étais moi-même dit pour nommer les phénomènes que je vivais : inadapté, idiot, parano, je ne m'étais rien épargné et les autres ne m'avaient rien épargné non plus. Ces jugements m'avaient alourdi, me faisant parfois perdre confiance en moi. Au fur et à mesure que je déroulais mon passé, un profond soulagement me gagnait. À l'aube, je jubilais : je donnais enfin une figure à ces phénomènes que je n'arrivais pas à unifier jusque-là. Non, je n'étais pas un ovni perdu dans un monde formaté, mais je ressentais trop. L'annonce de mon hypersensibilité m'apparaissait comme un merveilleux cadeau. Il me restait à assumer cette singularité.

La journée s'était déroulée, identique à toutes celles qui l'avaient précédée. Ma sensibilité restait aussi exacerbée et j'avais mal au ventre – je sais aujourd'hui que c'est la plaie des hypersensibles. Une seule chose avait changé, et elle était capitale : je pouvais enfin mettre un mot sur ce qu'il m'arrivait. Et c'était énorme.

Le cadeau

Quelques semaines plus tard, j'étais avec un ami professeur de musique. Notre conversation s'était engagée sur le sujet de l'oreille absolue, cette capacité qu'ont certains d'associer n'importe quel son, même le bruit d'un marteau-piqueur, à une note de musique, de la « nommer » naturellement et de la mémoriser. Je pensais que ce don était une rareté. Mon ami m'expliqua qu'il n'en était rien : beaucoup le possèdent et peuvent même en être perturbés tant qu'ils ne le savent pas. En revanche, s'ils le travaillent, ils ont un atout pour devenir de grands musiciens. L'oreille absolue, me dit-il, est une malédiction qui se transforme en grâce quand on en fait quelque chose.

J'étais ébranlé, gagné par une idée folle : et s'il en allait de même pour l'hypersensibilité ? Et si elle était un atout plutôt qu'un cauchemar ?

Je suis ainsi parti pour ce qui est devenu plus qu'une quête, une véritable enquête. J'ai rencontré des spécialistes et des hypersensibles, des pédagogues et des enseignants, j'ai consulté des études et relu les philosophes et les écrivains. J'ai demandé à des scientifiques de m'éclairer. J'ai réalisé que l'énigme de l'hypersensibilité, à laquelle d'autres noms ont été donnés, hante la pensée occidentale depuis des millénaires, que ce phénomène s'enracine dans l'histoire de l'humanité.

J'avais, à mesure que j'avançais, l'impression de sortir d'un labyrinthe pour me retrouver enfin à l'air libre. Je comprenais pourquoi je m'étais si souvent senti inefficace, sans talent, sans vocation. Au fond, pour reprendre une autre image, j'avais jusque-là la mauvaise carte de géographie de mon cerveau. Il me restait à trouver un GPS adapté pour m'orienter dans la vie.

J'ai effectué ce travail. Il est parfois ardu et m'a demandé une certaine discipline. J'ai appris à établir la distinction entre ce que je ressens et la manière dont il convient d'agir à partir de ce que j'ai la chance de ressentir. J'ai rétabli un équilibre entre mes « antennes » surdéveloppées et mes « filtres » atrophiés. Je suis, heureusement, resté un hypersensible, doté de ce que Jung appelait « un caractère enrichissant ». Et il l'est, de fait, une fois que l'on réussit à faire la paix avec lui.

Je comprends que tu aies des doutes en me lisant. Ce qui est ton cadeau a souvent entraîné ta mise à l'écart sociale. Ni tes parents, ni tes enseignants, ni tes collègues, ni ton conjoint, ni tes enfants n'ont jamais compris ce qu'il t'arrive. Tu t'en es toujours voulu, tu t'es parfois détesté, tu as espéré te couper de ta sensibilité.

Parfois, tu as pensé y arriver. Tu as nié être hypersensible, tu as rejeté jusqu'à ce mot péjoratif, stigmatisant dans un monde où il t'est demandé d'être formaté.

Je doutais moi-même avant de me lancer dans cette recherche parfois déconcertante, toujours surprenante. Je vais la partager avec toi. Je connaissais les inconvénients de l'hypersensibilité.

Le cadeau

J'en ai découvert les avantages. J'ai réalisé qu'être hypersensible est un travail intense de toute une vie. Mais si tu ne fais rien de ton hypersensibilité, tu iras à la catastrophe. Transforme-la en cadeau.

CE QU'IL FAUT RETENIR

• Nombreux sont les hypersensibles, plus rares sont ceux qui se reconnaissent sous ce vocable chargé de préjugés, associé, à tort, à une forme de fragilité.

• Se reconnaître hypersensible est le fruit d'un travail. Son point de départ : établir le lien entre ces phénomènes divers, parfois étranges, parfois handicapants ou exaltants, qui tissent notre vie.

• L'hypersensibilité est un phénomène complexe, subtil, déconcertant, qui prend différentes formes. Il y a sans doute autant de formes d'hypersensibilité que d'individus hypersensibles.

• La reconnaissance de son hypersensibilité est un cadeau extraordinaire qui change la vie. D'un coup, tout fait sens, tout devient moins pénible, moins douloureux.

EXERCICE

Parcours ta vie en toute objectivité avec le prisme de l'hypersensibilité.

Éclaire-t-il certains phénomènes que tu avais du mal à comprendre et dont tu ne voyais pas le tronc commun ?

Ce simple passage en revue peut être libérateur : d'un coup, tu comprends enfin qui tu es.

Tu peux entamer le chemin.

3

TEST

Comment se retrouver face au foisonnement des manifestations de l'hypersensibilité

Dès l'école maternelle, j'ai été un être à part. J'ai compris, depuis, que tout hypersensible, tant qu'il s'ignore, a du mal à s'intégrer socialement. Mais je n'avais ni les mots pour le dire ni la clé de compréhension qui m'a par la suite sauvé la peau.

Je me suis souvent senti étranger aux règles du jeu des autres ; j'ai mes propres règles. Au collège, au lycée, à l'université, dans le monde du travail, partout, la vie sociale est fondée sur un ensemble d'impératifs, de modèles de réussite et de comportements qui sont en décalage avec ma réalité. Là où d'autres s'adaptent à la norme sans se poser de questions, je dois rester dans le contrôle : pour ne pas surréagir, pour faire semblant de m'amuser, pour résoudre des problèmes dits logiques mais qui me sont hermétiques tels qu'ils sont présentés, pour obéir, pour m'ennuyer sans broncher, pour me conformer, pour être moins idéaliste, moins exigeant.

Suis-je hypersensible ?

Je me suis longtemps senti coupable de cette différence et je me suis structuré par rapport à cette culpabilité d'autant plus intense que mes différences sont si nombreuses que j'en perds la tête.

Je ne me suis jamais senti au bon endroit. J'ai mes lieux à moi qui ennuient les autres. Les grandes fêtes ne m'amusent pas. Je me souviens d'un repas de mariage auquel j'étais invité. J'avais hésité, puis je m'étais laissé emporter par mes sentiments : les mariés étaient des amis et je ne voulais pas les décevoir. J'ai su, aussitôt installé auprès de huit personnes qui m'étaient étrangères, que ce moment serait difficile pour moi. Elles n'étaient pas désagréables, mais au fil des minutes, leurs bavardages d'une insoutenable banalité, leurs rires à gorge déployée me ramenaient à mes cauchemars de la cour de récréation quand je ne réussissais pas à m'intégrer malgré toute ma bonne volonté. Je me suis senti mal physiquement, d'autant plus mal que je m'en voulais de gâcher la fête. Les mariés, qui se sont aperçus de mon trouble, m'ont changé de table. J'ai néanmoins quitté la fête assez rapidement : je n'avais rien à redire à l'organisation, je ne pouvais mettre personne en cause, mais je n'y avais pas ma place. J'étais déçu de moi-même, attristé de n'avoir pas été un bon convive.

Je me suis toujours très vite ennuyé. Ce sentiment pesant, dérangeant, a été merveilleusement décrit par Roland Barthes dans un passage que j'ai très tôt appris par cœur à force de le relire :

Test

« Enfant, je m'ennuyais souvent et beaucoup. Cela a commencé visiblement très tôt. Cela a continué toute ma vie par bouffées, de plus en plus rares il est vrai grâce au travail et aux amis. Et cela s'est toujours vu. C'est un ennui panique, allant jusqu'à la détresse, tel celui que j'ai éprouvé pour les colloques, les conférences, les amusements de groupe. Partout l'ennui peut se voir. » Plus jeune, j'étais triste de m'ennuyer parmi les autres. Mais il n'y avait rien à faire : j'ai toujours été mieux chez moi.

On m'appelait alors parfois « le misanthrope ». En lisant la pièce de Molière, j'ai effectivement retrouvé en moi une partie de ce personnage quand il explique son éloignement des autres, « les uns parce qu'ils sont méchants et malfaisants, et les autres pour être aux méchants complaisants ». Il est le misanthrope parce qu'il en veut à l'humanité pour son hypocrisie sociale, pour sa lâcheté, pour sa facilité à transiger avec l'exigence de vérité. Lui ne supporte pas le mensonge – comme tout hypersensible, il a la faculté de le détecter et il en veut d'autant plus aux menteurs qu'ils le renvoient à sa différence, à sa sensibilité.

C'est mon histoire que je pourrais encore égrainer. Je manque tomber dans les pommes quand on me fait une piqûre, je sais que c'est ridicule, mais je n'y peux rien. J'ai tout le temps froid et je porte mon bonnet en laine y compris en été dans les trains où la climatisation est trop forte. Je ne sais pas travailler avec des personnes qui ne mettent pas du cœur à la tâche, même quand il s'agit de grands professionnels. Certains parfums me font fuir et je ne supporte pas la cacophonie.

Tu ne te retrouveras pas entièrement dans ce tableau, et c'est normal : ton expérience est unique, la mienne aussi. Il n'existe pas de signes formels confirmant une hypersensibilité comme il en existe pour diagnostiquer une grosse bronchite et la différencier d'un rhume des foins. Bien sûr, l'intensification des expériences sensorielles fait partie du spectre, mais de quelle expérience parle-t-on ? L'odorat ? Le toucher ? L'ouïe ? Et de quelle manière ? J'ai toujours froid, tu as peut-être toujours chaud. Tu as des acouphènes, je n'en ai jamais eu. Tu ne supportes pas la pluie sur ton visage, et ce n'est pas un caprice, moi la pluie ne me dérange pas. Tu as peut-être réussi à te couper de tout ton ressenti jusqu'à te transformer en machine, mais, au fond de toi, ça ne va pas ; tu es peut-être le plus hypersensible d'entre nous.

Comment le savoir ? Les magazines, Internet, les réseaux sociaux proposent toutes sortes de tests ludiques ou « psychologiques » que les spécialistes regardent avec suspicion. De leur point de vue, et ils n'ont pas tort, il n'existe pas encore de détermination scientifique de l'hypersensibilité, c'est-à-dire qu'on ne sait pas ce qu'elle est réellement. Dans ce cas, qu'est-ce qu'on est en train de tester ?

C'est vrai, chacun d'entre nous a une manière très singulière d'être hypersensible, et il est très difficile de « mesurer » ce phénomène de façon rigoureuse. Cependant, ces tests ludiques ont un avantage : ils sont, même par jeu, l'occasion d'une petite introspection (le temps de répondre aux questions, aussi banales soient-elles), et ils permettent d'articuler cet ensemble de sensations, de vécus, d'éléments très disparates entre lesquels nous ne voyons pas d'emblée un quelconque rapport. Ils sont une porte d'entrée sur une possibilité de compréhension de ce qu'il nous arrive et qui nous laisse dans le désarroi.

Je leur reprocherais, et c'est valable pour tous les tests psychologiques, y compris les tests de QI, le risque de nous enfermer dans un cadre, de nous amener à nous regarder à travers un filtre, forcément déformant puisqu'il coupe, d'une certaine manière, de la réalité.

Le court test que je te propose ci-après n'est pas plus scientifique que les autres. Transforme chaque question en occasion de t'interroger plus longuement pour partir à la découverte de ce que tu es. Amuse-toi, essaie d'identifier d'autres facettes de toi que tu ne connaissais pas, mais ne te laisse jamais figer, pas plus par les tests que par la vie : elle n'est que mouvement.

CE QU'IL FAUT RETENIR

- Les tests ne sont pas un outil scientifique et l'hypersensibilité reste un phénomène difficile à définir avec nos catégories de pensée.

- Ils peuvent cependant rendre service en donnant des points de repère à partir desquels se dessine une unité dans le foisonnement de manifestations qui constituent l'hypersensibilité.

- Mais ces tests restent une aventure ludique. Attention à ne pas te laisser enfermer dans leurs résultats.

EXERCICE

Cinq questions pour te reconnaître :

1/ Es-tu facilement blessé par les critiques, les reproches, les conflits et, du coup, essaies-tu de les éviter ?

2/ Es-tu affecté par l'état émotionnel de tes proches, de tes collègues, au point d'avoir l'impression d'être une éponge, ou encore de vivre sans « filtre » ?

3/ Y a-t-il des odeurs, des lumières, des sons, des sensations qui te dérangent particulièrement alors qu'objectivement ils ne sont pas dérangeants – et ne dérangent pas les autres ?

4/ Mets-tu du cœur dans la plupart des tâches que tu effectues ?

5/ Sens-tu parfois ton esprit aller dans tous les sens, les idées, les pensées se bousculer en toi, au point de t'épuiser ?

4

LUCKY LUKE

Où l'on découvre que l'hypersensibilité est un précieux atout pour un cow-boy du Far West

Je suis un amateur de bandes dessinées. Dans mon panthéon de héros, un personnage se démarque : Lucky Luke, le cow-boy justicier qui tire plus vite que son ombre. J'ai dévoré ses aventures, m'étonnant moi-même d'être fan d'un « dur » qui pourchasse les bandits du Far West et se débrouille comme un chef là où ne règne que la loi de la jungle.

Je relisais l'un de ses albums quelque temps après que mon hypersensibilité m'eut été révélée, et j'ai éprouvé un choc. Car mille et un détails me montraient une facette inédite du cow-boy : il est l'archétype de l'hypersensible. Je l'avais sans doute perçu inconsciemment, et peut-être qu'en me passionnant pour lui, je cherchais quelques moyens de me débrouiller avec la loi sociale qui, par certains aspects, n'a rien à envier à celle du Far West.

Suis-je hypersensible ?

Je savais son besoin de s'isoler. Je l'ai découvert profondément solitaire. Lucky Luke a certes quelques amis qu'il croise au fil de ses aventures, mais on ne le voit jamais s'attarder auprès d'eux. Même dans les bars, il reste dans son coin : il ne supporte pas les pépiements, l'hypocrisie et la superficialité, il ne joue pas le jeu des conventions sociales. Il a besoin de cette solitude pour ne pas être submergé, le temps de mettre de l'ordre dans ses idées, dans ses pensées. Il l'assume. Chacun de ses albums se termine d'ailleurs par la même vignette : accompagné vers le soleil couchant par son cheval Jolly Jumper et son chien Rantanplan, il sifflote : « *I am a poor lonesome cow-boy and a long way from home* », « Je suis un pauvre cow-boy solitaire, très loin de ma maison ». La phrase hypersensible par excellence.

Ce pourfendeur du mal qui protège les autres au péril de sa vie se sait différent, mais cela ne le chagrine pas, au contraire : il se voit comme un cygne au milieu des canards et il revendique sa singularité. Il n'est pas pour autant un Schtroumpf timide ou asocial ! Quand il émerge de ses parenthèses de solitude, il est tout à fait capable de jongler avec la grammaire sociale qu'il a apprise – on le voit même, dans certains albums, porter l'étoile du shérif, entrer en contact avec le gouvernement américain, régler des conflits entre éleveurs, voire s'amuser dans un saloon. Cet altruiste profondément généreux est en plus doté d'un joli sens de l'humour.

Il a l'air calme, les yeux mi-clos. Mais au fond de lui, il bouillonne. Hyperactif, il est sur tous les fronts. Grand voyageur, il est soucieux de son indépendance, n'obéit à aucune hiérarchie, à aucune convention. C'est un free-lance, comme on dirait aujourd'hui. Il n'est pas indifférent au monde, loin de là ! L'injustice, le mensonge le bouleversent, le révoltent. Intransigeant et colérique (une colère qui se lit dans son regard), il est courageux et sans limites quand il s'agit de protéger les faibles et de défendre le droit. Mais ce n'est pas un méchant : contrairement aux usages du Far West, ce sensible qui a horreur du sang tue rarement et se contente le plus souvent de désarmer les brigands avant de les remettre au shérif.

Et puis surtout, Lucky Luke a fait de son hypersensibilité exacerbée et assumée un incroyable atout grâce auquel il réussit les missions les plus périlleuses. Grâce aux « antennes » qu'il a développées, à ses sens suraiguisés, il est à l'affût des moindres signaux inaudibles et invisibles aux autres. C'est certainement à cette caractéristique qu'il doit son surnom de *Lucky*, le « Chanceux », celui qui sait se sortir de toutes les emmerdes. Il a fait de sa sensibilité extrême une force qui le rend insubmersible.

Suis-je hypersensible ?

Il est en même temps attendrissant, ce cow-boy solitaire qui se réfugie dans la nature pour se ressourcer auprès de ses deux seuls vrais amis, son cheval et son chien. Avide de grands espaces et de chevauchées dans les vastes plaines désertiques de l'Ouest, il n'apprécie rien tant que de dormir seul, à la belle étoile. Il est à part, il est à côté, il n'est pas comme les autres. Il ressent trop de choses.

Pleinement lui-même, avec ses forces et ses faiblesses, il avance dans la vie avec légèreté, en adéquation avec elle. S'il avait rejeté sa fragilité, s'il avait tenté de l'enfouir comme le font souvent les hypersensibles, Luke n'aurait pas été Lucky Luke. Il n'aurait sans doute rien fait de sa vie, ployant sous le fardeau de la culpabilité d'être si sensible...

Ce cow-boy-là n'est pas l'exception. Je suis un fan de John Ford à qui l'on doit les plus beaux westerns américains, aujourd'hui de grands classiques. Ses héros ? Des Lucky Luke ! Solitaires et sensibles, pris dans leurs doutes, dans leurs contradictions qui font d'eux de vrais héros, à la fois durs et tendres, généreux et ardents, animés du sens de la justice, à l'écoute de signes que personne ne relève à part eux, dotés de la légèreté conférée par la conviction que l'on n'est pas tout-puissant. Capables de dire « j'ai peur », de révéler leur vulnérabilité là où les cow-boys ont pour règle de n'avoir aucune émotion. La force de John Ford est certainement d'avoir réussi à mettre en scène la vraie hypersensibilité...

Lucky Luke peut être, pour toi, une source d'inspiration. Tu vis une expérience désagréable dans l'open space où tu travailles, ou à la soirée de laquelle tu n'as pas osé te décommander. Ce lieu, ces gens te confirment dans l'impression que tu n'as aucune place sur terre – puisque tout le monde semble agir normalement sauf toi. Tu te laisses submerger par des sensations, des émotions que tu ne sais pas nommer, tu te sens pris au piège, tu ne vois pas d'autres possibles dans cette situation. Tu essaies d'être ce que tu n'es pas et tu en es paralysé. Tu étouffes et tu t'en veux.

Prends le temps de te regarder dans le miroir comme tu es, avec ton hypersensibilité. Dégage-toi du fardeau de la culpabilité et puise tes forces dans ce que tu ressens. En jouant le jeu social qui t'agace, mais tout en sachant par ailleurs te préserver, te protéger, tu relativiseras cette expérience désagréable. Tu seras vivant parce que tu es vrai. Et un jour, toi et moi atteindrons peut-être la légèreté de Lucky Luke. Je suis persuadé qu'elle n'est pas un simple fantasme de bande dessinée.

CE QU'IL FAUT RETENIR

• L'hypersensibilité se manifeste par une très profonde humanité qui est la meilleure manière d'assumer les contradictions de l'existence.

• L'héroïsme ne consiste pas à étouffer son hypersensibilité, mais à la reconnaître pleinement. En déployant ses antennes, l'hypersensible est beaucoup plus en rapport au réel.

• C'est en utilisant tous les atouts de son hypersensibilité que le héros peut se révéler.

EXERCICE

Sois comme Lucky Luke !

Dans n'importe quelle situation, qu'il s'agisse de régler un différend ou de boucler un dossier complexe, ne fonce pas bille en tête, mais appuie-toi sur ton hypersensibilité.

Déploie tes antennes, prends le temps d'identifier les signes qui forment cette situation, « sens-la » avant d'agir.

Des problèmes que tu pensais insolubles ont leur solution. Tu sais la capter.

5

ACCEPTATION

Dire oui à son hypersensibilité n'est pas un acte isolé, mais le chemin de toute une vie

L'hypersensibilité, c'est comme l'homosexualité : on ne peut pas en guérir parce que ce n'est pas une maladie. Ce n'est pas non plus une anomalie ni une tare. En revanche, on peut vivre en harmonie avec elle, découvrir ses bénéfices et même avoir envie de la développer. Car elle est une chance quand on sait l'aborder de manière intelligente.

Je m'explique. Un pingouin ne peut pas être heureux dans le désert : quoi qu'il fasse, il ne sera jamais un dromadaire. Il en va de même pour un hypersensible, pour une personne trop grande, trop petite, pour un chauve : on peut essayer de maquiller, de tromper, de tricher, mais on ne change pas sa nature. Un pingouin reste un pingouin. C'est une très bonne nouvelle : il possède les atouts nécessaires pour s'épanouir et être heureux... à condition de s'accepter comme pingouin. Cette règle s'applique à chacun d'entre nous puisque nous avons tous, heureusement, quelque chose d'un pingouin en nous : nous sommes singuliers.

Cependant, notre singularité, quelle qu'elle soit, nous déplaît. *A fortiori* quand il s'agit de l'hypersensibilité. Nous avons l'étrange illusion de vivre dans un univers normé dont nous serions les seuls exclus, et notre particularité nous dérange tellement que nous préférons nous en détourner, la contourner, faire comme si elle n'existait pas. Mais cette solution n'est pas seulement mauvaise : elle est dangereuse. En renonçant à notre nature profonde, nous affrontons le monde désarmés, au risque d'y survivre avec un mal-être qui, à terme, mène vers les dépressions, le burn-out.

Il existe une autre solution : le chemin de l'acceptation. Il consiste à m'accepter, à m'apprécier, à m'aimer comme je suis. Il n'est pas si long, il n'est pas si ardu, et il a toujours une fin heureuse. Car l'hypersensibilité, comme chacune de nos différences, est une chance pour celui qui se décide à l'habiter.

La première étape de ce chemin consiste à comprendre cette singularité, donc à l'explorer. En quoi suis-je ce que je suis ? J'ai entamé ce chemin en posant la question autour de moi à mes proches, à mes amis, à des collègues. Comment me voient-ils ? Je me suis armé pour entendre des anecdotes, des histoires qui donnent de la chair à mon expérience, mais qui ne sont pas tou-

Acceptation

jours agréables à se remémorer. Certaines réponses étaient franchement agaçantes – ma mère me voyait comme un enfant capricieux, une amie m'avait rappelé des situations où j'étais sérieux avec excès, un collègue avait été marqué par ma propension à surréagir. Mais la plupart de ces récits m'ont très positivement surpris.

Au fond, je m'étais préparé à ce que l'on me parle de mes maladresses, de ma timidité, que l'on me reproche mes hésitations que j'appelle mon inefficacité, ma propension à la solitude qui confine parfois à la sauvagerie. Or, curieusement, le personnage que l'on m'a raconté était aimable. Il était celui qui, brisant la loi non dite de la mise à l'écart d'une collègue, a été le seul à lui parler ostensiblement. Celui qui avait trouvé les mots justes pour accompagner le deuil d'un ami. Celui qui n'a pas le talent de raconter des blagues hilarantes, mais sait introduire de la poésie pour assainir une atmosphère lourde, qui a développé une empathie le rendant encore plus sympathique et nécessaire que la copine qui fait rigoler. Qui prend le temps d'écouter, qui sait aimer, qui sait aider, défendre, protéger. Qui sait créer, inventer.

Je me suis regardé dans le miroir qui m'était présenté. C'était donc moi ? J'ai éprouvé de la tendresse pour ce pingouin hypersensible, avec ses défauts qui n'étaient pas ceux que je croyais connaître et ses qualités que je n'avais jamais imaginées. J'étais agréablement étonné, moi qui avais toujours porté sur ma personne un diagnostic négatif, enfermant. Pour la première fois, je cessais de me sentir coupable d'être ce que je suis.

La suite du cheminement s'est accomplie de manière progressive. Au fur et à mesure que j'écoutais ces histoires, je cessais de me dénigrer. Je m'acceptais d'autant plus qu'un sens était enfin donné au malaise que j'avais toujours éprouvé à l'égard de ces symptômes, de ces phénomènes, de ce vécu qui me tenaient à l'écart des autres. Ce que j'étais portait un nom : l'hypersensibilité. Le trop de sensibilité.

L'acceptation de plus en plus profonde de ce que je suis a entraîné un nouveau glissement dans ma vie : un matin, en arrivant à une réunion, je me suis aperçu que je n'essayais plus de ressembler à mes collègues, de les prendre pour modèles. Cette réunion m'angoissait et je ne me suis pas senti obligé de plaisanter en entrant dans la pièce. J'ai même osé confier à deux d'entre eux que j'en avais mal au ventre. Ces quelques mots m'ont procuré un incroyable soulagement. Je me suis senti d'autant plus libéré que tous deux m'ont parlé de leur propre angoisse. Je ne la voyais pas, pourtant je n'étais plus le seul pingouin dans la salle.

Accepter son hypersensibilité permet d'entamer la deuxième étape du chemin, la plus amusante, qui consiste à découvrir son propre mode d'emploi.

Acceptation

Je m'étais moi-même décrété phobique social à cause du temps qu'il me faut pour m'adapter à de nouvelles personnes, à de nouveaux contextes. J'ai des amis qui peuvent arriver à une soirée ou à un cocktail où ils ne connaissent personne et être aussitôt les rois de la fête. Moi, j'hésiterais à m'y rendre et, si j'y vais, je resterais en retrait, en situation d'observateur. Ce n'est pas parce que je suis orgueilleux, ce n'est pas parce que je suis peureux ni timide, c'est parce que je ressens tout plus intensément. Je ne peux pas « papillonner ».

Je sais aujourd'hui que mon mode d'emploi ne me contraint pas forcément à éviter les soirées et les cocktails, mais juste à m'y préparer. Par exemple, en donnant rendez-vous à un ou deux amis avec qui je pourrais avoir une vraie conversation. Ils seront avec moi pour aller à la rencontre de nouvelles personnes et assumer la part de « papillonnage » qui fait partie du jeu social. Je commence même à lui trouver un côté amusant.

Jour après jour, situation après situation, l'hypersensible se forge un GPS qui lui permet de naviguer dans un monde dont les codes lui étaient quasi inaccessibles tant qu'il refusait de s'accepter. Il identifie ses limites, ses ressources, se découvre une assise. Quand il doit plonger dans l'eau, plutôt que de se laisser paralyser par la peur, il l'explore, la transforme en jeu. Il entre dans l'expérience au lieu de la nier. Des voies nouvelles s'ouvrent à lui et l'aident encore plus à se reconnaître, à s'accepter.

Suis-je hypersensible ?

Il devient un pingouin qui, parce qu'il se sait pingouin, mais qu'il est en même temps humain, a la capacité de vivre heureux au Sahara… à certaines conditions qui ne sont pas extravagantes, mais aidantes. Il découvre des possibilités de réussite qui lui sont propres.

L'acceptation, j'en suis désormais convaincu, est le seul moyen de survie pour un hypersensible. Elle est le fruit d'un travail intérieur qui peut effrayer dans son exigence de mise à nu, mais elle est une victoire magistrale.

Je suis inquiet pour ceux qui choisissent, consciemment ou inconsciemment, de s'en priver. Prisonniers de l'image qu'ils souhaiteraient renvoyer d'eux-mêmes, ils se coupent de leurs émotions, de leur capacité d'empathie, de leur propre intimité qui leur semble trop menaçante. Ils se durcissent parce qu'ils ont peur de se dévoiler, d'être démasqués dans leur fragilité pourtant inhérente à la condition humaine. Ils ne comprennent pas que l'hypersensibilité ne coupe pas de la rationalité, mais vient la compléter par la richesse extraordinaire qui est à sa portée. Aveugles à eux-mêmes, ceux-là sont incapables de mener le travail intérieur qui naît d'une vraie lucidité.

Il existe un chemin pour faire autrement. Il m'a servi de fil rouge tout au long de cette enquête. Suis-moi : il est parfois vallonné, mais il n'est pas escarpé.

Acceptation

CE QU'IL FAUT RETENIR

• Recevoir le cadeau de l'hypersensibilité ne suffit pas : il faut ensuite savoir l'intégrer à sa vie.

• L'acceptation ne consiste pas à baisser les bras et à simplement consentir à ce qui est. Elle est un long chemin, une exploration au quotidien, un « oui » qui se redit chaque jour et à tous les moments.

• Ce travail n'est pas une décision intellectuelle, il ne consiste pas seulement à « comprendre ». Il est un accueil profond et exigeant.

EXERCICE

Chaque fois que tu te sens étranger, incongru, en décalage, comme inadapté, chaque fois que tu vis une expérience désagréable, c'est le moment pour toi d'accepter d'y voir un signe de ton hypersensibilité.

Reconnais-la, dis-lui OK.

Tu peux alors tourner la page de cette situation peu confortable et passer à autre chose.

6

FAUX SELF

Ta carapace ne te protège pas.
Au contraire, elle est un handicap

L'un des plus grands dangers pour l'hypersensible, je ne le dirai jamais assez, ne réside pas dans son hypersensibilité, mais dans le fait de la rejeter.

Dans la panoplie des mécanismes de défense que l'on met en place, l'un d'eux est particulièrement redoutable. D'une part parce qu'il se produit inconsciemment, d'autre part parce que, dans les premiers temps, la personne en tire effectivement un bénéfice : elle est artificiellement protégée.

C'est le mécanisme du faux self, une carapace qui se construit peu à peu, au gré des circonstances : dans la cour de récréation pour que les enfants ne te fassent plus aussi mal avec leurs remarques, à l'adolescence pour ne pas être rejeté, plus tard pour trouver sa place dans la société sans prendre le risque d'être blessé. Grâce à cette carapace, tu espères correspondre enfin à ce que tu imagines être les attentes des autres. Mais, au fil des années, tu n'es plus que cette carapace. Tu t'es perdu sous le faux self, le faux soi que tu as édifié. Tu t'y accroches quand même, en espérant continuer à être protégé. Avec le temps, il peut se fendiller. Il peut aussi exploser brutalement.

C'est ce qui est advenu à ma tante. Pendant des années, j'ai été terrorisé par elle. Elle n'était pas méchante, loin de là, mais elle me semblait si sévère dans ses tailleurs stricts, dans sa vie où tout était en ordre parfait et où rien ne devait détonner, dans sa réussite professionnelle dont la famille était si fière. Elle s'était habituée à diriger d'une main de fer, à contrôler les plus infimes détails, à répondre, du moins le pensait-elle, à toutes les attentes de ses proches, de ses équipes, de ses amis. Elle était suradaptée à ce monde et c'est sans doute ce qui m'effrayait.

Elle avait cinquante-deux ans quand tout s'est brusquement écroulé. Un matin, elle ne s'est pas levée de son lit. On avait d'abord évoqué un coup de fatigue, puis une dépression liée au départ de ses enfants de la maison. Ma tante avait été en fait victime d'un burn-out dont elle a mis plusieurs mois à se relever.

Je l'ai revue plus d'un an après cet accident. Elle avait repris son travail, mais elle avait trouvé le temps de m'appeler. Elle savait que j'enseignais la méditation et souhaitait me demander conseil. Son appel m'avait surpris, sa voix qui avait changé

Faux self

m'avait étonné, son propos aussi. J'avais accepté son invitation à déjeuner... mais avec une énorme appréhension.

Elle était arrivée avant moi au restaurant et, en m'approchant de la table, j'avais eu une hésitation. En fait, j'avais eu du mal à la reconnaître. Elle était autre. Moins rigide, plus pétillante, plus vivante. Moins conformiste.

Notre repas s'est prolongé... jusqu'au dîner. Elle était tout aussi engagée, tout aussi entière, mais tellement plus aimable. Elle a pleuré, elle a ri, j'ai pleuré et ri avec elle. C'est une nouvelle femme que j'ai découverte ce jour-là. Ou plutôt la vraie femme que personne, pas même elle, n'avait jamais connue. « J'étais tellement adaptable qu'au fond je ne savais plus qui j'étais. J'ai vécu à côté de ma vie, je ne pouvais jamais être moi », m'a-t-elle confié à peine étions-nous attablés.

Ma tante avait grandi à une époque où les femmes devaient encore plus qu'aujourd'hui faire leurs preuves pour exister. À trente ans, elle avait créé son entreprise et l'avait développée tout en se voulant une mère modèle, une épouse modèle. Elle ambitionnait d'être parfaite et s'était construite en essayant toujours d'être là où on l'attendait. Or, elle avait façonné son univers de telle sorte qu'on l'attendait partout. Le monde s'était, de ce fait, transformé à ses yeux en un monstre dévorant.

Suis-je hypersensible ?

En réalité, elle ne s'était pas construite, mais elle avait édifié une carapace autour d'elle. Une sorte d'armure protectrice derrière laquelle elle s'était oubliée. Elle avait supposé qu'elle courrait des risques en montrant sa vraie personnalité, en dévoilant ses vrais désirs, ses angoisses, parfois ses peurs, sa sensibilité. En somme, son humanité. Avec son armure, elle était inattaquable. Mais cette armure était de plus en plus lourde et son poids l'épuisait. Son faux self, qui avait un temps rempli son rôle de mécanisme de défense, avait finalement eu raison d'elle.

Nous portons tous un faux self : la vie sociale l'exige. Je ne suis pas le même dans une réunion de travail où je m'adapte aux codes, et quand je vais au concert et que je me laisse emporter par la musique.

Le pédiatre et psychanalyste britannique Donald Winnicott, qui a élaboré le concept de faux self, le décrit comme une personnalité d'apparat dotée d'une double fonction. D'une part, protéger le vrai self en le dissimulant quand il y a « danger » pour lui. D'autre part, nous procurer une certaine adaptabilité aux contraintes de l'environnement. Au cours de la réunion de travail, je n'exprimerai pas spontanément tout ce que je ressens, par exemple l'ennui, au risque de passer pour un goujat inadapté. Je vais donc jouer mon rôle, à la manière des acteurs du théâtre grec antique qui portaient un masque, signifiant ainsi aux specta-

Faux self

teurs quel personnage ils endossaient le temps de la représentation.

Le problème, nous dit Winnicott, n'est donc pas l'existence du faux self à côté du vrai self, mais le rapport qui se noue entre ces deux selfs. Quand l'emprise de l'un se fait plus forte, trop forte, le second va s'effacer, induisant ainsi un état pathologique. Il ne va pas disparaître, mais il va se terrer, voire être refoulé, ce qui ne restera pas sans conséquences. Le sujet traverse alors une crise d'identité. Il est aliéné, en grande souffrance.

Cette situation concerne au premier chef les hypersensibles qui ne se sont ni reconnus ni acceptés. Leur vrai self leur semble bizarre, inadapté, trop fragile pour être aimable. Ils n'ont confiance ni en eux-mêmes ni en leur environnement. Par crainte d'être rejetés, ils enfouissent leur vrai self sous une carapace, ils le rejettent dans l'oubli de l'oubli et font en sorte qu'il ne soit jamais révélé au grand jour. Ils abandonnent la possibilité de pouvoir être aimés pour ce qu'ils sont, ils en viennent à n'avoir plus conscience de l'existence même de ce qu'ils sont.

Or seul le vrai self a le pouvoir de créer. Quand il est étouffé, l'option qui reste est de se conformer, d'imiter, de se plier aux attentes des autres, d'entrer dans un moule trop petit, trop étroit, trop obscur. D'abandonner ce qui est le propre de l'hypersensibilité : le déploiement. La singularité n'a plus le droit d'être. Les moindres aspérités de la personne sont étouffées par un rôle imposé qui ne lui convient pas. Plus rien n'est spontané ni naturel, aucun désir propre ne vient réveiller la vie. L'individu en armure est comme l'acteur grec qui conserverait le masque de son personnage après la représentation, jouerait son rôle jusqu'à la fin de sa vie. Au bout de quelques années, il ne saurait même plus où réside encore son humanité.

Ce matin où elle ne s'était pas levée de son lit, ma tante avait pleuré. Son faux self, lui, ne pleurait jamais. Il avait honte de pleurer. Elle ne s'expliquait pas le sentiment de soulagement qu'elle éprouvait en pleurant, malgré son épuisement. Elle avait passé des jours et des nuits à pleurer. Elle sentait, me dit-elle, qu'elle était en train de se dissoudre. C'est son faux self qui se dissolvait. Puis elle a essayé de comprendre son malaise et, sans s'en rendre compte, elle a commencé à visiter son jardin intérieur dont elle ne connaissait que la muraille d'enceinte.

Clouée au fond de son lit, elle s'est rendu compte de son conformisme, de sa peur d'être rejetée, abandonnée, incomprise, de son besoin vital d'être aimée qui la menait à toujours « trop bien faire » et donc à se contrôler. Au fur et à mesure de son exploration, elle découvrait un personnage qu'elle s'était interdit de rencontrer. Elle vivait, dans ses larmes, un séisme réparateur.

Faux self

Enfermé dans une obscurité silencieuse, son vrai self s'était nécrosé. Mais il ne demandait qu'à resurgir, à triompher de ce gâchis.

Lors de notre déjeuner, je l'ai vue, pour la première fois, pleurer devant moi. Pleurer devant tous ceux qui étaient attablés autour de nous. Elle réalisait qu'elle avait jusque-là vécu dans un état de panique – la peur que les autres découvrent qui elle était vraiment, avec ses émotions, ses sentiments, ses envies, ses besoins, sa vulnérabilité, sa force, ses coups de cœur, ses ras-le-bol parfois. Mais elle souriait à travers ses larmes en me confiant : « Je suis normale, mais normale différente. »

Elle avait cessé de tricher... et son monde ne s'était pas écroulé. Aujourd'hui, ma tante reste une femme polie, habile, adaptée. Elle connaît les règles sociales et s'y plie. Cela ne l'empêche pas de donner droit à ce qu'elle sent, à ce qu'elle éprouve. Ainsi qu'elle le répète souvent, elle n'a plus le sentiment de vivre à côté de sa vie en niant ce qu'elle est.

Grâce à une audace toute nouvelle, à une créativité retrouvée, elle a encore fait grandir son entreprise. Et elle n'en revient pas de la relation qu'elle a tissée avec ses enfants : eux qui s'étaient toujours sentis écrasés par sa perfection ont désormais une « vraie » mère.

Le cas de ma tante est loin d'être exceptionnel. La plupart des personnes prises en otage par un faux self développent un syndrome de Stockholm : elles ont une peur intense de perdre leur ravisseur, la peur d'être perdues, de ne plus savoir comment agir, comment réagir, quelle décision prendre. La peur de ne pas être acceptées parce que c'est inconfortable, désagréable, et qu'il paraît alors plus commode de dire ce qu'il « faut », d'agir comme il « faut », de jouer un rôle qui n'est pas en rapport avec ce que l'on a envie de dire, de faire, avec ce que l'on estime juste. La peur aussi d'être touchées et que l'on dissimule sous la colère et l'agressivité caractéristiques du faux self – on gronde son enfant au lieu de lui dire que son retard nous a fait peur, que nous l'aimons et que nous avons tellement craint de le perdre.

Cette logique est une dangereuse illusion. Tu ne t'écrouleras pas parce que tu es toi-même ; au contraire, quand tu sors de la peur, tu trouves en toi une force inattendue, la force de la confiance. Quand tu te débarrasses de cette vieille armure lourde et rouillée qui t'a empêché de bouger, d'avancer, t'est révélé le bonheur de danser, de courir, de nager.

Être soi est une aventure extraordinaire...

Faux self

CE QU'IL FAUT RETENIR

• Le faux self est un mécanisme psychologique, une carapace que nous construisons pour nous protéger.

• Il peut en effet, dans un premier temps, jouer un rôle protecteur. Mais son bénéfice est à la fois illusoire et paralysant.

• Nous nous persuadons que sans le faux self, nous serions en danger. En réalité, c'est *lui* le danger : avec le temps, cette armure se rouille et s'alourdit, elle nous empêche de bouger, d'avancer.

• Se débarrasser de son faux self avant qu'il explose est un acte de confiance qu'il est important d'assumer. La peur est légitime, mais la magie de la vie fait qu'en réalité, sans armure, tu peux encore mieux marcher.

EXERCICE

Assieds-toi quelques instants et prends le temps de te sentir perdu, touché, vulnérable.

Tu imagines que le fait d'en prendre conscience sera insupportable.

Tu découvriras que, au contraire, arrêter de fuir ce que tu éprouves est un immense soulagement.

Tu réaliseras aussi qu'il existe un chemin pour te libérer des faux-semblants.

Un chemin que tu t'épuises à éviter, au risque de te perdre encore plus.

Ne va pas plus loin : cette prise de conscience constitue déjà un pas majeur sur le chemin.

7

ÉCORCHÉ VIF

Avec son tempérament bouillonnant, puissant, ouvert, vivant, l'hypersensible est une énigme qui a toujours interrogé l'histoire de l'Occident

Au cours de mon enquête, j'ai été interpellé par l'abondance du vocabulaire utilisé en Occident, depuis deux mille cinq cents ans, pour désigner les hypersensibles en contournant ce mot. Un phénomène qui en dit long sur l'évolution de la perception sociale de l'hypersensibilité. Aujourd'hui, une locution revient souvent : « écorché vif ».

Je suis longtemps resté un être sans bouclier, sans filtre ni protection face au monde extérieur. Un écorché vif sur qui le moindre incident avait un impact frontal, capable de ressentir une jubilation intense, une montée d'adrénaline devant un mot, d'être bouleversé affectivement, cognitivement, sensiblement, émotionnellement par une idée. Adulte, j'ai cru me construire une seconde peau à défaut d'une carapace. Néanmoins, j'ai continué à me sentir comme un homard jeté dans

Suis-je hypersensible ?

l'eau bouillante. C'était avant que je prenne conscience de mon hypersensibilité.

« Écorché vif » n'est pas faux : ce mot donne forme à une expérience que vivent les hypersensibles. Mais il est imparfait parce qu'il se limite à une vision restreinte et unilatérale d'un phénomène beaucoup plus ample. Pour décrire une table, je peux dire qu'elle a quatre pieds, ce qui est vrai, mais cela ne suffit pas : est-elle grande, petite, en bois, en métal, ronde, carrée ?

De même, il est vrai que l'hypersensible est facilement touché par la réalité du monde extérieur : le moindre bruissement, l'événement le plus anodin peut avoir un impact considérable sur son être. Mais s'il est directement touché, ce n'est pas seulement parce qu'il est « écorché », ce qui signifierait être blessé, supplicié. C'est plutôt parce qu'il a surdéveloppé ce qui, en lui, l'ouvre au monde, le met pleinement en relation avec la réalité, en intelligence avec elle, c'est-à-dire en contact étroit avec tout ce qui la constitue.

Une famine, une guerre, une catastrophe naturelle dans un pays lointain ne restent pas pour lui une information abstraite : l'hypersensible sent la souffrance humaine qui les accompagne et en souffre sincèrement. Le bonheur d'un ami le réjouit tout aussi sincèrement. Il dispose d'une qualité rare : l'hyperempathie. Le fait de détenir cette intelligence de la sensibilité, qui est la vérité de l'intelligence, le met dans un corps à corps avec

Écorché vif

le monde, dans un rapport de compréhension singulier de ce qu'il représente.

L'hypersensible a la chance d'être écorché, de ne pas vivre dans sa bulle et de s'ouvrir à des relations constructives et vivifiantes. Il a la chance de tout « voir » et c'est ce qui lui donne la capacité de comprendre, la force de se révolter, l'énergie de dénoncer les injustices, mais aussi de trouver d'autres voies là où les autres ne voient que le seul chemin principal.

L'une de mes amies est dans ce cas. Saura-t-elle jamais pourquoi elle avait refusé le diagnostic d'un médecin et le traitement qu'il avait prescrit à son enfant qui ne se portait pas bien et dont elle voyait l'état de santé se dégrader ? Sans avoir jamais fait d'études de médecine, elle sentait, m'a-t-elle dit, que « quelque chose ne concordait pas ». Elle éprouvait un profond malaise et avait abattu des montagnes pour obtenir rapidement un autre rendez-vous, avec un autre spécialiste. Effectivement, le premier diagnostic avait été établi trop hâtivement, sans tenir compte de l'ensemble des symptômes. Par son intelligence de la situation, cette « écorchée vive » avait sauvé sa fille. Depuis qu'elle m'a raconté son histoire, le mot « vif » ou « vive » me paraît bien plus adéquat que le mot « écorché » pour décrire cette réalité. Un hypersensible est d'abord une personne vive.

« Écorché » n'est pas le premier mot à avoir failli pour décrire un phénomène beaucoup plus ample, qui a toujours interpellé. Au début du XXe siècle, l'hypersensible était appelé « nerveux » – celui ou celle qui a les nerfs à fleur de peau. Bergson a contribué à populariser cette expression : dans son magistral *Matière et Mémoire*, il développe une théorie du système nerveux. Sa fonction, dit-il, est triple. D'abord, elle consiste à recevoir des excitations (le premier diagnostic dont avait douté mon amie), ensuite à préparer, dans l'organisme, les appareils moteurs qui réagissent à ces excitations (mon amie a décidé de chercher une autre réponse auprès d'un autre spécialiste), et enfin à mobiliser le plus grand nombre possible d'« appareils » pour répondre (elle a usé de son intelligence, de ses émotions, de ses relations pour trouver l'autre spécialiste et obtenir un rendez-vous). Plus le système nerveux est développé, plus il est en capacité de recevoir des excitations faibles et à les mettre en rapport avec un plus grand nombre d'« appareils moteurs » toujours plus complexes. « Ainsi grandit la latitude qu'il laisse à notre action, et en cela consiste justement sa perfection croissante. »

Le nerveux « bergsonien » n'est pas éloigné de l'écorché vif contemporain qui, grâce à sa sensibilité, a la faculté de voir, de comprendre, de mettre en rapport ce qui échappera aux autres, les moins sensibles. Il est aussi le nerveux merveilleusement raconté par Proust dans ce qui reste l'une des plus belles phrases sur l'hypersensibilité :

Écorché vif

« Supportez d'être appelée une nerveuse. Vous appartenez à cette famille magnifique et lamentable qui est le sel de la terre. Tout ce que nous connaissons de grand nous vient des nerveux. Ce sont eux et non pas d'autres qui ont fondé les religions et composé les chefs-d'œuvre. Jamais le monde ne saura tout ce qu'il leur doit, et surtout ce qu'eux ont souffert pour le lui donner. Nous goûtons les fines musiques, les beaux tableaux, mille délicatesses, mais nous ne savons pas ce qu'elles ont coûté à ceux qui les inventèrent d'insomnies, de pleurs, de rires spasmodiques, d'urticaires, d'asthmes, d'épilepsies, d'une angoisse de mourir qui est pire que tout cela. »

Effectivement, rien d'exceptionnel ne se crée sans sortir du cadre, de la conformité. Sans utiliser la puissance de l'hypersensibilité qui dépasse en possibilités tout ce que la raison, la logique et les théories sèches auraient à nous proposer.

Bien avant d'être appelés « nerveux », et jusqu'au XVIIIe siècle, les hypersensibles furent nommés « mélancoliques ». Ce mot n'est évidemment pas à prendre dans le sens où nous l'entendons aujourd'hui où nous l'associons à la tristesse, à la déprime, voire à la dépression. Il était entendu en référence à la théorie grecque des quatre humeurs qui a été la base de la médecine antique, chaque humeur ayant ses propres maladies et ses thérapies associées.

Suis-je hypersensible ?

Selon cette théorie, le mélancolique est sous l'influence de la bile noire qu'il sécrète en excès. Il est sensible et émotif, parfois extrêmement susceptible, à la fois minutieux et compatissant, à certains moments inhibé, à d'autres faisant montre d'une extrême excitation.

Aristote était fasciné par les mélancoliques dont il a dressé un tableau dans lequel beaucoup d'hypersensibles se reconnaîtront : « À cause de la violence de leurs sensations, ils atteignent facilement le but, comme s'ils tiraient de loin. Et à cause de leur mobilité, ils imaginent rapidement ce qui va suivre [...]. D'eux-mêmes, les mélancoliques enchaînent les faits les uns aux autres en poussant en avant. » Ils sont, dit-il, dotés d'une intuition « géniale », à la fois vifs, rapides et imaginatifs. Il décrit par ailleurs leur manière d'être sur le qui-vive, leur inquiétude qui les force à penser davantage, à créer davantage, à être héroïques et à changer le monde. En somme, les grands frères des nerveux de Bergson et de Proust.

Dans *Problèmes*, Aristote explique merveilleusement la mélancolie en s'appuyant sur une comparaison audacieuse : les buveurs de vin. « Le vin pris en grande quantité semble tout à fait mettre les gens dans l'état où nous disons que se trouvent ceux chez qui prédomine la bile noire. Et quand on le boit, il produit une très grande variété de sentiments. Il rend les hommes irascibles, bien-

Écorché vif

veillants, miséricordieux, impudents. Au contraire, le lait, le miel, l'eau, aucun autre breuvage n'a d'effet comparable. On peut se convaincre que le vin produit toutes sortes de sentiments en voyant comment il modifie peu à peu le comportement des buveurs. Prenons des gens qui sont à jeun, ils sont d'un tempérament froid et silencieux. Il suffit qu'ils en boivent un peu plus pour que le vin les rende bavards, encore plus ils se mettent à faire des discours et sont pleins de hardiesse. S'ils vont encore plus loin, le vin développe leur ardeur à l'action. Si on en boit encore davantage, on se met à insulter les gens puis on perd la raison. »

C'est parmi les mélancoliques, affirme encore Aristote, que se recrutent les grands de ce monde, « les hommes qui se sont illustrés dans la philosophie, la politique, les arts » : eux seuls possèdent une puissance qui les travaille, les grandit, les inspire, les pousse à aller à l'aventure. Il cite Hercule, Ajax, Lysandre, Empédocle, Platon, Socrate « et beaucoup de personnages célèbres », insiste Aristote.

Tu es « mélancolique » dans le sens ancien du terme, écorché vif comme on le dit aujourd'hui, mais tu te sens quand même inadéquat, en faute, à part, singulier ? Et si, pour retrouver la puissance que met en avant Aristote, tu acceptais tout simplement ton hypersensibilité ?

Autorise-toi à accepter l'ivresse qu'elle crée. Elle te donne de la force et de la créativité.

CE QU'IL FAUT RETENIR

- Depuis Aristote, l'histoire de la pensée et de la philosophie ne cesse d'interroger l'énigme qu'est l'hypersensibilité, nommée au fil du temps de diverses manières.

- Traversés par le mouvement même de la vie, les hypersensibles sont dotés d'une puissance qui a toujours fasciné.

- La vie d'un hypersensible peut lui sembler inconfortable avec sa succession de hauts qui sont très hauts, et de bas qui sont très bas. En contact direct avec la réalité, il en ressent les moindres tressaillements. Ce contact direct avec le réel est une merveilleuse opportunité. Il n'est donc pas étonnant que les meilleurs (politiciens, sportifs, guerriers, écrivains...) soient des hypersensibles.

EXERCICE

Tu as pris l'habitude de vivre tourné vers l'extérieur : tu réagis à telle remarque, à tel stimuli, tu cherches les solutions autour de toi.

Et si tu inversais ce mouvement pour te tourner vers toi et regarder cette énergie qui bout en toi ?

Tu la considères comme ton fardeau, tu lui en veux de déborder. En réalité, tu n'es pas submergé par elle, tu es travaillé par elle. Et ce n'est pas la même chose !

Mets-toi en rapport avec elle, accepte-la, fais-lui confiance, deviens ami avec elle.

À l'instant où tu la reconnais, elle va te parler. Ne te laisse pas déconcerter : elle est comme un cheval fougueux.

Il ne sert à rien de le regarder de loin avec crainte. Il vaut mieux l'apprivoiser, apprendre à galoper avec lui.

Et partir à l'aventure de sa propre vie.

8

ÉMOTIONS

*Comment prendre une décision
vraiment logique et rationnelle*

L'hypersensible a appris à vivre dans la méfiance de ses émotions. Elles font à tout moment irruption dans sa vie et il a l'impression qu'elles l'empêchent d'agir justement. Et pour cause : dans la foulée de Descartes, nous avons été éduqués dans l'idée d'une stricte séparation entre la raison, une création pure de l'esprit, et les émotions qui, en lien avec le corps, perturbent la raison et l'empêchent de se déployer. Or, chez lui, chez elle, cette séparation est ténue, parfois presque inexistante.

Dès l'enfance, on m'a appris qu'il ne faut pas pleurer, qu'il ne faut pas se mettre en colère, qu'il ne faut pas avoir peur ni se laisser paralyser par l'angoisse sous peine d'être moins performant, moins « fort », moins adulte. « Réfléchis ! » me disait-on, sous-entendant ainsi que je me laissais guider par mes seules sensations primaires.

Je n'en veux pas à mes parents : ils ont, comme tout le monde, fait leur cette règle cartésienne selon laquelle il faudrait réussir, par la raison et la volonté, à dominer l'irrationalité des passions qui empêchent de penser. En somme, que l'idéal serait d'être froid comme une couleuvre quand il s'agit de prendre les bonnes décisions. C'est-à-dire tout le temps. Et, puisque nous restons quand même humains, nous nous sommes créé quelques échappatoires sans grandes conséquences : les films, les jeux, des artifices inoffensifs dans lesquels nous sommes invités à déverser notre trop-plein d'émotions. Puis à recommencer à réfléchir « lucidement ».

Quelle erreur magistrale à laquelle nous nous sommes soumis pendant des siècles ! Il aura fallu attendre le début des années 1990 et le courage de quelques chercheurs non conventionnels pour qu'apparaisse un concept qui avait d'abord scandalisé : celui de l'intelligence émotionnelle. L'intelligence du cœur.

Cette intelligence est subtile. Elle mise sur l'énorme potentiel des émotions. Elle ne consiste ni à les accepter ni à les rejeter en vrac, mais à consentir à les écouter pour distinguer en chacune ce qui mérite d'être retenu, ce qui pourrait être transformé, ce qu'il serait bon d'apaiser. Car certaines émotions sont fausses, tout comme le sont certains raisonnements : il existe des peurs infondées, des angoisses qui n'ont pas lieu d'être, des exaltations que la réalité vient rapidement tempérer. En revanche, d'autres sont vraies et elles sont là pour nous alerter. Si je me sens mal à l'aise avec telle personne ou dans telle situation, il serait stupide de balayer ce ressenti plutôt que de chercher à le comprendre.

La piste de l'intelligence émotionnelle a été confortée par des découvertes dans les champs de la neurologie et de la psychologie qui ont révélé l'apport fondamental des émotions dans toute réflexion logique, balayant ainsi définitivement la distinction de Descartes.

On doit l'une des découvertes les plus spectaculaires à un neuropsychologue, António Damásio. Dans son laboratoire de Californie, il bénéficie d'appareillages d'imagerie et d'exploration corticales particulièrement sophistiqués. Grâce à eux, il a révélé la présence, dans le cerveau, de « marqueurs somatiques » qui sont des traces imprimées par nos expériences, nos colères, nos émois, nos émotions. Ce que nous vivons dans le présent réactive les uns ou les autres de ces marqueurs. Que nous le voulions ou non, ils interviennent dans nos prises de décision. Si j'évite de me promener la nuit dans une impasse obscure, ce n'est pas uniquement parce que j'ai réfléchi, mais parce que des marqueurs émotionnels m'ont alerté sur les dangers potentiels !

Près de trente ans de recherches permettent à Damásio d'affirmer que le travail principal de « l'esprit » consiste à cartographier sans cesse nos moindres sensations et à en tirer un modèle de soi et un modèle du monde. Aucune information, dit-il, n'arrive sans « sentiment » jusqu'au système nerveux central.

Nos émotions sont donc une modalité essentielle de notre rapport au monde. Si j'ai à prendre une décision logique, rationnelle, il est ainsi beaucoup plus intéressant pour moi de m'appuyer sur elles : elles m'apportent des informations qui peuvent être précieuses si je sais les discerner.

J'ai discuté ce point avec des banquiers. Pour étudier un dossier de prêt, ils introduisent des chiffres dans leur ordinateur qui, en calculant les capacités de remboursement, évaluent celles de l'emprunt. Toutefois, ce résultat brut est le plus souvent modéré par une intervention humaine : c'est ainsi qu'il devient plus juste. Mes interlocuteurs commencent notre discussion en qualifiant leur intervention de « logique », reposant sur une évaluation plus large de la situation de l'emprunteur. Quand je les pousse plus loin dans leurs retranchements, au mot « logique » peuvent se substituer d'autres termes moins conventionnels pour leur univers : le ressenti, l'intuition. Ils ne vont pas à l'encontre de la raison, mais ils la nourrissent, ils l'éclairent, ils la confortent. Ce sont en quelque sorte des émotions qui ont non seulement leur droit d'être, mais aussi leur utilité.

La philosophe et professeure de droit américaine Martha Nussbaum a passé au crible les arguments selon lesquels les émotions seraient des forces aveugles, animales, qui altèrent le jugement et devraient de ce fait être totalement écartées dans une délibération de jury. C'est le cas dans les instructions adressées aux jurés californiens, stipulant qu'il faut prendre garde « à ne pas être influencés par de simples sentiments, par des conjonctures, la sympathie, la passion, le préjugé, l'opinion publique ou le sentiment public ». De telles injonctions, dit-elle, ne traduisent qu'un fantasme d'invulnérabilité qui est une négation objective de notre humanité. Heureusement que les jurés ne condamneront pas de la même manière, avec les seules règles de la logique, une femme victime de violences qui a tué son mari, et le cambrioleur ou le tueur en série qui ont agi de sang-froid !

Plutôt que de lutter vainement contre les émotions, Martha Nussbaum prône une éducation morale à la sympathie, de manière à accompagner avec lucidité un jugement démocratique et, plus largement, le fonctionnement d'une société plus juste, d'un monde plus humain où nous sommes en relation les uns avec les autres et vivons une co-dépendance, signe d'une communauté véritable. Si je me coupe de mes émotions, je me coupe de la réalité du monde et je suis, dès lors, incapable de prendre une bonne décision, pour moi, pour mon groupe et pour la cité. Et c'est, on le conçoit, extrêmement inquiétant.

Cependant, pour moi comme pour tous les hypersensibles, la question reste de savoir que faire du trop-plein d'émotions qui nous submerge jusqu'à nous rendre parfois, j'en suis conscient, socialement incompatibles. La solution ne consiste, on l'a vu, ni à les refouler ni non plus à les exprimer telles qu'elles sont. Une émotion est faite pour être d'abord écoutée, explorée, entendue dans ce qu'elle a à me dire, de telle sorte que je puisse tisser avec elle une relation intelligente et adulte.

Un ami m'a blessé, je suis en colère, je ne veux plus lui parler. Je vais prendre le temps d'examiner ce que je vis. Quelle était l'intention de cet ami ? En répondant à cette question, je constate qu'il ne m'a pas délibérément attaqué, mais que mon hypersensibilité a surinterprété son propos. Ma colère n'est pas forcément juste : comme toutes les émotions, elle n'est pas une preuve de vérité, elle n'est pas non plus une preuve de mensonge.

Il existe plusieurs méthodes d'« examen des émotions ». J'en ai retenu et expérimenté quatre. J'applique l'une ou l'autre selon les différentes situations qui se présentent à moi.

Méthode n° 1 : Le spectateur impartial
J'ai emprunté cette méthode au philosophe des Lumières Adam Smith, connu pour avoir été aussi un grand économiste. Quand je sens qu'une émotion arrive, et avant qu'elle ne me submerge, je prends le temps de me positionner comme un spectateur qui assisterait à la scène, sans tirer de conclusions hâtives. Je regarde ce qu'il se passe de

manière impartiale, à distance. Reprenons l'exemple précédent de l'ami qui m'a blessé. Le spectateur impartial constatera peut-être que cet ami n'est pas malintentionné, il a simplement été maladroit. Dans ce cas, ma colère n'a pas été fiable. Mais il peut aussi voir que ma colère est justifiée. J'ai déjà pris le recul nécessaire pour adopter les décisions qui me semblent justes.

Méthode n° 2 : Examiner l'émotion
J'ai appris cette méthode de mes maîtres de méditation. Je suis en colère, je prends quelques instants pour fermer les yeux et revenir à l'expérience corporelle de l'émotion. Ma colère est-elle dans ma gorge, dans mon ventre ? Je lui donne une forme, une couleur. Je l'examine de manière différente. L'un de mes amis traversait la ville à vélo avec son fils quand ce dernier a pris un virage sans regarder d'abord autour de lui. La réaction de mon ami a été vive : il a giflé l'adolescent. Il a eu honte de son geste et son fils lui en a voulu. En méditant, mon ami a examiné sa colère. Il a vu que derrière elle se cachait la peur. Il a eu peur pour son fils, mais, plutôt que de le lui dire, il l'a giflé. Il n'a pas reconnu sa peur, elle s'est muée en colère. Et il a découvert les trésors de tendresse qui étaient en lui. Ce fut une grande leçon. Je ne vais pas être englouti par mon émotion si je l'examine : au contraire, je suis englouti parce que je ne sais pas ce que l'émotion me dit. Entrer en

rapport avec ce que je sens est extrêmement libérateur : une fois que l'émotion est reconnue, elle est apaisée.

Méthode n° 3 : Mettre ses maux en mots
Écris ! Prends un papier et note, sans jugement, ce qui te passe par le cœur. Mets des mots sur ton émotion, sur ce que tu ressens, ce que tu éprouves, à l'état brut. Explore ton expérience. Tu introduiras aussitôt de l'espace, de la distance avec ce ressenti. Formuler te force à examiner, à comprendre, à explorer. Donne droit à ce que tu sens, sans te laisser submerger. Tu peux aussi t'écrire une lettre ou un mail ! Tu verras, tu passeras ensuite à autre chose : tu ne seras plus prisonnier de cette émotion, même si elle subsiste, même quand elle est juste. Cette mise à distance est une étape essentielle de l'intelligence des émotions.

Méthode n° 4 : Se mettre à la place de l'autre
Au cours de la réunion du service, ma collègue a laissé exploser sa colère contre moi. Je l'avais croisée en arrivant le matin, elle était déjà à fleur de peau. Plutôt que de lui en vouloir, de la détester et de ruminer, je me mets dans la peau de cette collègue. Je connais son tempérament éruptif. Je l'ai entendue raconter les problèmes auxquels elle est confrontée dans sa famille. Je comprends que cette colère n'était pas dirigée contre moi, même si j'en ai été le récipiendaire :

elle hurlait en fait contre ses enfants, contre ses emmerdes, contre sa vie. Sa colère n'est pas acceptable et je le lui dirai. Elle m'a blessé et j'honore l'émotion que je ressens, mais je n'en suis pas prisonnier. Je suis libre par rapport à elle. Je ne ruminerai pas et je suis d'ailleurs suffisamment apaisé pour pouvoir, de temps en temps, lui rappeler que ses colères finissent par se retourner contre elle.

CE QU'IL FAUT RETENIR

- La théorie cartésienne opposant émotions et raison, qui nous a longtemps égarés, est aujourd'hui balayée par les découvertes des neuroscientifiques.

- L'intelligence émotionnelle ne consiste ni à accepter ses émotions ni à les rejeter, mais à considérer qu'elles ont un précieux potentiel qui mérite d'être reconnu et exploré.

- Cette intelligence est cruciale pour les hypersensibles, et elle s'apprend.

- Il existe de même des méthodes grâce auxquelles chacun peut s'entraîner à explorer ses émotions pour en goûter la sagesse.

EXERCICE

Si certains hypersensibles regrettent d'être submergés par leurs émotions, d'autres sont parvenus, en recourant au faux self, à se couper entièrement d'elles. Ils souffrent d'avoir perdu l'accès à leur cœur.

Ces émotions n'ont pas disparu : elles existent, elles sont encore là même si elles sont bien enfouies. Dans les deux cas, la meilleure manière d'avoir un rapport apaisé à ses émotions consiste à passer par l'expérience du corps.

Écoute ton corps, prends au sérieux ces signes qui indiquent une émotion : ton cœur qui bat un peu plus vite, le rouge qui te monte aux joues, tes mains qui se glacent, une tension dans la gorge.

Cherche à quoi correspondent ces signes pour toi.

En t'interrogeant, tu découvriras un émoi, une angoisse, une joie.

Cultive-les pour renouer avec tes émotions. Elles te sont essentielles.

9

CERVEAU

L'hypersensibilité n'est pas seulement une affaire de psychologie : elle est écrite dans notre corps

Francis Taulelle est chercheur en physico-chimie des matériaux, spécialiste de la résonance magnétique nucléaire à l'Institut Lavoisier de Versailles. C'est un expert mondial dans son domaine qui, bien qu'en apparence dévolu à l'étude de la matière, l'a amené à s'intéresser aux phénomènes de transe puis, plus largement, à l'hypersensibilité.

Il n'utilise jamais ce mot tout seul : personne, me dit-il, n'est hypersensible dans l'absolu, c'est-à-dire hypersensible à tout. On a une sensibilité plus ou moins fine à un ou plusieurs éléments – le bruit, le toucher, le goût.

Pour expliquer les variations individuelles dans le degré de sensibilité, il part d'un exemple que la plupart d'entre nous ont déjà vécu : la perception des couleurs. Un carré rouge vif est perçu comme rouge par tout le monde. Si l'on dilue progressivement la couleur avec du blanc, viendra un moment où la majorité ne verra plus qu'un carré blanc ; certains continueront pourtant à le voir rouge. La sensibilité aux couleurs peut aussi porter sur la perception de la résolution : certains sont capables de distinguer différentes nuances de rouge là où la plupart ne voient « que » du rouge.

Cette hypersensibilité se travaille. On apprend, par l'entraînement, à affiner sa vue, son odorat, son ouïe – les « nez » de la parfumerie hypersensibles aux odeurs ou les œnologues hypersensibles aux saveurs en sont de parfaits exemples. Au fur et à mesure de cet apprentissage, de nouvelles synapses, c'est-à-dire des connexions neuronales, se créent. Francis Taulelle est catégorique : ce développement neuronal est similaire pour tous les types d'hypersensibilité, y compris émotionnelle.

Il y a un domaine plus étrange auquel il se consacre depuis quelques années : l'activité du cerveau en lien avec les états que l'on nomme, sans doute à tort, « état de conscience modifié ». Une idée commune veut que nous n'utilisions que 10 % de nos capacités cérébrales. Or, me dit-il, l'activité du cerveau est facilement mesurable avec des appareils comme les électro-encéphalogrammes. Et, aussi paradoxal que cela puisse sembler, nous utilisons 80 % à 90 % des capacités de notre cerveau quand nous sommes réveillés... et 100 % pendant certaines phases du sommeil.

Francis Taulelle s'est interrogé sur cette énigme avant d'en trouver la clé : 90 % de nos circuits cérébraux, me dit-il, sont subconscients. Les plus connus sont les circuits sympathique et parasympathique qui fonctionnent en mode autonome pour activer la circulation sanguine, la digestion, la respiration. Et il en existe d'autres encore. Quand on est réveillé, la conscience ordinaire s'exprime massivement pour dominer la plupart de nos activités : je mange, je conduis, je travaille, je sais ce que je fais. Les circuits subconscients qui ne sont pas vitaux sont alors inhibés pour ne pas entrer en conflit avec les circuits de la conscience ordinaire et nous permettre de nous concentrer sur une action. En revanche, quand nous dormons et que la conscience somnole elle aussi, ils ont le loisir de se déployer pour fonctionner à plein régime. D'où les 100 % de l'activité cérébrale qui se manifeste alors.

Ce mécanisme a un fondement physiologique : notre système nerveux fonctionne en essayant de ne pas être entravé par des signaux électriques qui s'opposent l'un à l'autre – en philosophie, cela s'appelle des « contradictions », en biologie des « courts-circuits ». S'il met en veille les systèmes subconscients, c'est pour éviter ces phénomènes. Mais parfois, il n'y réussit pas parfaitement. Les signaux vont dans tous les sens, ils ne sont pas maîtrisables, et cet état se traduit par une crise d'épilepsie. À un degré moindre, quand il y a quelques signaux qui se télescopent sans que cela soit dans l'excès, on aboutit aux phénomènes d'hypersensibilité : on perçoit ce que l'on n'est pas supposé percevoir.

Suis-je hypersensible ?

Chez l'hypersensible, poursuit Francis Taulelle, la conscience ordinaire est moins pesante, moins inhibante que chez les personnes moins sensibles. Bien que l'on soit focalisé sur une tâche, les circuits subconscients restent à l'affût, de manière plus ou moins importante, et permettent d'affiner la perception au-delà de la tâche effectuée.

Il existe par ailleurs des états qui permettent de diminuer l'inhibition des circuits subconscients, autrement dit de les laisser en éveil. Un artiste qui produit une œuvre, un marcheur solitaire dans une forêt, mais aussi le LSD à microdoses ou encore la transe ouvrent à un sens de présence, sans que la conscience soit au premier plan. L'attention est plus faible, plus diffuse, elle est dans une sorte d'apesanteur. Ce n'est pas un acte de volonté, laquelle est une suractivation de la conscience ordinaire, mais la mise en route de ce que notre chercheur appelle un « scénario d'observation » : il consiste à placer suffisamment d'attention sur la conscience ordinaire pour qu'elle ne s'oppose pas aux circuits subconscients, mais les regarde.

Nous avons tous, me dit-il, la capacité de connaître cet état, de désinhiber nos circuits subconscients quand nous sommes réveillés, mais la plupart d'entre nous choisissent, au contraire, de les inhiber. Autrement dit, nous avons tous le pouvoir d'être hypersensibles, mais nous préférons nous arc-bouter sur l'activité de notre seule conscience ordinaire.

Cerveau

L'imagerie par résonance magnétique, l'IRM, qui utilise un champ magnétique et des ondes radio, a permis d'énormes avancées dans l'exploration de notre corps et de notre cerveau. Grâce à elle, affirme le chercheur, nous savons que des « récepteurs d'émotions » existent dans l'ensemble de notre organisme, localisés sur les membranes de certaines cellules. Ces récepteurs réagissent aux émotions et entraînent mécaniquement une modification de la cellule : ils « mettent le psychique dans le corps ». Ce serait par cette voie, entre autres, qu'un choc émotionnel déclenche un dérèglement de l'organisme – des coliques, des insomnies, parfois des maladies graves.

Sans en avoir la preuve formelle à laquelle, en bon scientifique, il reste attaché, Francis Taulelle suppose que chez certains individus les « récepteurs d'émotions » seraient particulièrement développés et/ou plus nombreux. Des recherches sont menées sous IRM, avec un marquage magnétique, pour essayer de déterminer de quelle manière notre organisme est modulé par les neurotransmetteurs. Elles se heurtent à un écueil : l'infinie complexité de nos systèmes biologiques où toute chose est couplée à toute autre. « L'effet du battement d'une aile de papillon est la base de rationalité, me dit-il avec un sourire, mais notre conscience ordinaire tend à séparer les choses les unes des autres. »

Parviendra-t-on quand même à comprendre un jour ce qui, pour lui, est la clé du mystère de l'hypersensibilité ? « Pour aller plus loin, il nous faudrait augmenter de presque un million de fois la sensibilité de nos appareils. Nous visons pour l'instant des appareils 10 000 à 50 000 fois plus sensibles que ceux que nous possédons. Nous pourrons, à ce moment, avoir au moins des débuts de réponses. »

Avant de nous séparer, je pose à Francis Taulelle une dernière question qui me tient à cœur : comment un spécialiste de la physico-chimie des matériaux en vient-il à s'intéresser à l'hypersensibilité et, plus largement, aux choses de la conscience ? « Je me suis intéressé à mon propre cas. Il y a quelques années, j'ai souffert d'une compression de la moelle épinière qui a exigé une chirurgie assez lourde. Depuis cette opération, je suis différent. Il m'arrive, comme les chiens ou les chats, de savoir plusieurs minutes à l'avance que mon épouse rentre à la maison. Au début, j'en restais pantois. Aujourd'hui, je lui prépare un thé qui est prêt quand elle ouvre la porte. Je ne suis pas médium, mais j'ai des perceptions à distance, des flashs. Je viens des sciences dures, et cela me semble étrange : j'ai besoin de comprendre comment est née cette hypersensibilité, quel circuit biologique a été désinhibé dans mes cellules, dans mon système nerveux, dans mon organisme – parce qu'il est évident que tout notre corps participe à la perception de ce qui est autour de nous. D'infimes changements cellulaires ont surdéveloppé ma sensibilité. Mais lesquels ? »

Il me rappelle que des phénomènes comme la télépathie ont fait l'objet d'études poussées dans de grands instituts, notamment à l'université de Princeton, aux États-Unis. Il y a été prouvé que la biologie de notre corps est capable d'émettre et de recevoir des ondes qui ont été mesurées. « Cette capacité appartient au champ du subconscient ; 99,9 % d'entre nous ignorent qu'ils la possèdent. Mais si on s'entraîne tous les jours, on peut la cultiver. J'en suis témoin, mais je n'ai pas encore de véritable démonstration scientifique à vous apporter... »

CE QU'IL FAUT RETENIR

• Grâce aux progrès de l'imagerie médicale, la science commence à éclairer les causes de l'hypersensibilité. Ce n'est qu'un début.

• Renversement saisissant : l'hypersensibilité apparaît comme le mode de fonctionnement normal de notre cerveau. L'hyposensibilité serait, elle, une restriction anormale de nos capacités.

• L'hypersensible sait, en régime d'activité normal, utiliser de manière optimale les informations subconscientes sans qu'elles soient écrasées par l'activité simultanée de la conscience.

• Être pleinement « en conscience » est un rétrécissement de l'existence humaine, du champ de la vie.

EXERCICE

Apprends à mettre ta conscience entre parenthèses.

Quand tu manges, ne restreins pas ton esprit à ton bol, au contraire : libère-toi de ta conscience pour découvrir un univers inattendu, autorise-toi à voguer, à entrer en relation avec tes intuitions, tes souvenirs qui affleurent, tes émotions, ton imagination.

Laisse-toi être déplacé, submergé.

Ton repas devient magique parce que tu insuffles la vie en toi.

Mangeons en hypersensibilité plutôt qu'en pleine conscience !

10

SORCIÈRE

L'hypersensible est un extralucide
dont le savoir intuitif a souvent fait peur

Au fil des époques, la condamnation sociale de l'hypersensibilité a pris parfois des formes redoutables, allant jusqu'à la répression.

Car l'hypersensible inquiète. Il sent trop, il sait trop, il capte trop, il s'intéresse à trop de choses. Son savoir intuitif, vivant, déborde le cadre conventionnel et académique. On comprend facilement qu'il puisse représenter une menace pour l'ordre social quand celui-ci est régi par des règles rigides qu'il ne veut pas voir remises en question. L'hypersensible est libre.

Il fut un temps où sa sensibilité le menait au bûcher. Cela reste le cas dans certains pays où ceux que l'on appelle les sorciers et les sorcières sont victimes de la vindicte. C'était le cas en Occident, il n'y a pas si longtemps de cela...

Pour avoir embrassé ce sujet, l'historien Jules Michelet en fut, lui aussi, la victime. C'était en 1862. Déjà auteur d'une belle œuvre, il s'apprêtait

Suis-je hypersensible ?

à publier un nouveau livre, *La Sorcière*. Mais la veille de la mise en librairie, son éditeur, la maison Hachette, prend peur : tous les exemplaires sont mis au pilon. Un seul échappe au carnage – il est aujourd'hui dans les réserves de la Bibliothèque nationale de France.

Un autre éditeur parisien, Dentu, accepte le challenge à condition que *La Sorcière* soit expurgée de certains passages. Les 9 000 premiers exemplaires s'arrachent, mais le scandale éclate : les autorités françaises interdisent la vente de l'ouvrage, Rome le met à l'Index et l'historien perd sa chaire au Collège de France.

Car Jules Michelet a écrit une ode à la sorcière et, à travers elle, au don de la sensibilité. Je ne résiste pas au bonheur de le citer : « Elle naît Fée, écrit-il. Par le retour régulier de l'exaltation, elle est Sibylle. Par l'amour, elle est Magicienne. Par sa finesse, sa malice (souvent fantasque et bienfaisante), elle est Sorcière et fait le sort, du moins endort, trompe les maux. »

Il n'a pas de mots assez tendres pour décrire cette hypersensible : « Elle est *voyante* à certains jours ; elle a l'aile infinie du désir et du rêve. Pour mieux compter les temps, elle observe le ciel. Mais la terre n'a pas moins son cœur. Les yeux baissés sur les fleurs amoureuses, jeune et fleur elle-même, elle fait avec elles connaissance personnelle. Femme, elle leur demande de guérir ceux qu'elle aime. »

Sorcière

Jules Michelet a eu l'audace de réveiller des pans entiers de l'Histoire, de rappeler qu'il fut un temps, en Occident, où les sorcières et les sorciers étaient intégrés à la vie du village. Leur sensibilité exacerbée, leur réceptivité aux vibrations, aux intuitions, les mettaient en rapport à une source de vie. Par leur proximité, voire leur symbiose avec la nature, par leur connaissance des plantes, ils étaient des guérisseurs – Michelet voit en eux les précurseurs de la médecine.

Leur savoir sera d'ailleurs l'une des causes de leur rejet. La défiance à leur égard se cristallise à la Renaissance, quand l'exploration du monde passe aux mains des savants. Des universités sont créées dans les grandes villes d'Occident, les maladies sont décrites et classifiées, la chirurgie connaît un fantastique essor, le microscope et l'imprimerie sont inventés, la science prétend se détacher des mystères, ou en tout cas réussir à les expliquer. Tout cela plaide en faveur de la création d'une caste de savants monopolisant le savoir. La rationalisation se met à l'œuvre avec sa vision binaire de la réalité, en noir ou blanc, en bien ou mal.

C'est le coup de grâce pour les sorcières et les sorciers dont l'hypersensibilité permet de percevoir, entre le noir et le blanc, non seulement toutes sortes de nuances de gris, mais des centaines de couleurs. Libérés, par nature, des catégories habituelles du bien et du mal, ils, elles, sont doté(e)s d'un pouvoir parfois positif, d'autres fois négatif, à l'image des divinités antiques qui portaient ces deux faces, à l'image de la complexité du réel tel qu'il est. Forcément, ces personnages étranges déparent dans une société qui se veut désormais organisée, qui commence à se standardiser. Ils en menacent l'équilibre. Les premières rumeurs portant sur leurs liens avec le diable se sont ainsi propagées.

Jules Michelet n'a pas de mots assez durs à l'égard de l'Église qui a mené une guerre contre ces personnages hors normes, les haïssant pour leur hypersensibilité, les jugeant, les condamnant et les brûlant sur les bûchers de l'Inquisition au XVIIe siècle – faut-il rappeler que 30 % des condamnés pour sorcellerie ont été des hommes ? C'en est trop pour l'époque : l'historien est condamné... pour obscurantisme.

Le rejet de la sorcière s'est accompagné, de manière plus large, de celui du féminin auquel l'hypersensibilité va être, à tort, associée. Un modèle masculin fantasmé est érigé, bâti sur la force, la virilité, l'intelligence. Tous les hommes sont appelés à s'y conformer au risque d'être exclus, condamnés par la société et par les lois. La femme, elle, perd tous ses droits. Trop sensible, donc jugée trop faible, elle doit désormais être protégée, et au premier chef de ses émotions, de ses intuitions. Son enfermement dans le modèle dit féminin (et à l'abri du foyer) devient un moyen de la domestiquer. Au début du XXᵉ siècle, on lui inventera même une maladie qui lui est spécifique, l'hystérie, un mot forgé à partir d'utérus.

Il a fallu attendre les années 1950 pour que *La Sorcière* de Michelet sorte de l'oubli, en partie grâce à Roland Barthes. Philosophe et sémiologue – la sémiologie est une discipline qui se consacre à l'étude des signes –, Barthes se rend compte que la reconnaissance des sorcières est celle du droit à la sensibilité dont nos sociétés ont tant besoin. Il est fasciné par Michelet qui a accepté, contre tout le monde, d'être bouleversé, touché, mû par son sujet. Dans *La Sorcière*, Barthes voit une histoire d'intelligence et d'engagement. Et il n'a pas tort.

La réhabilitation de *La Sorcière* va bouleverser les consciences. On réalise que le féminin qui est en chacun a un rapport de vérité au monde, donc un pouvoir sur le monde puisqu'il est capable de l'appréhender, de le comprendre. On reconnaît que celle qui parle à la nature est aussi celle qui console, qui est aidante, qui prend soin des autres. Celle qui, écrivait Michelet, « rentrera dans les sciences et y apportera la douceur et l'humanité, comme un sourire de la nature ».

Malgré cette prise de conscience réelle, il subsiste dans nos sociétés une impossibilité de penser que l'hypersensibilité est une modalité de présence au monde légitime et féconde qu'il faudrait encourager. Certes, l'imaginaire collectif n'entend plus brûler les sorciers et les sorcières, mais il juge plus prudent de les tenir à l'écart et, au fond, il les méprise. Il leur réserve, par exemple, les métiers du *care* dans lesquels œuvrent ces hommes et surtout ces femmes qui prennent soin de nous, de nos enfants, de nos aînés, de nos malades mais qui sont si mal payés et si mal considérés. Encore une illusion ! En réalité, et nous le verrons dans les chapitres qui suivent, ce sont les hypersensibles qui, depuis toujours, font tourner le monde.

La réhabilitation de la sorcière est celle de notre propre rapport à l'hypersensibilité, à une dimension humaine qui, heureusement, dépasse le féminin et nous concerne tous. Elle sera, demain, la pierre angulaire d'un changement de paradigme sans lequel notre monde ne subsistera pas. La sorcière, l'hypersensible sont les seuls vrais détenteurs du pouvoir d'agir, de créer, d'avancer, parce qu'ils sont les seuls capables d'écouter, de voir, de sentir ce que les autres n'écoutent pas, ne voient pas, ne sentent pas.

Accepte ce bouillonnement en toi, ce souci de l'autre, du plus faible, de cette étrangeté qui constitue le cœur de la vie...

Sorcière

CE QU'IL FAUT RETENIR

• Le procès des sorcières et des sorciers a été, en Occident, celui de l'hypersensibilité qui mettait en danger le froid rationalisme supposé seul capable de faire avancer l'humanité sur la voie du progrès, mais qui repose en réalité sur le dogmatisme et la peur de toute altérité.

• Ces personnages ont pour caractéristique d'être actifs dans le champ du sensible : pour eux, le monde fait signe, ils travaillent le monde, ils sont d'intelligence avec lui.

• La réhabilitation de l'image de la sorcière est aussi celle de notre propre rapport à l'hypersensibilité et, plus largement, à notre humanité.

EXERCICE

Laisse tomber ton filtre mental et aie l'audace de te connecter à une force de vie ancienne, originelle, profonde.

Il existe pour cela plusieurs chemins, plusieurs rituels. Découvre ceux qui te parlent le plus.

Observe par exemple chaque soir la lune et ce, pendant vingt-huit jours. Ressens l'énergie qu'elle te donne selon ses différentes phases, pleine lune ou simple croissant.

Petit à petit, en t'exerçant, tu deviendras sensible à l'impact mystérieux de l'astre sur nos vies.

Marche pieds nus dans l'herbe à l'aube. Entre en contact avec la rosée sous tes pieds. Sens comment cela te met en rapport à la terre qui te soutient et te nourrit. Sens la vie qui revient dans tes pieds, dans tes jambes, dans ton corps, dans ton esprit.

Ramasse quelques plantes, de l'aubépine, des pommes de pin, du fenouil. Va à la rencontre de la richesse et de la puissance du végétal, de ses effets nombreux sur notre état d'esprit et notre santé.

11

JE PENSE TROP

Pourquoi les hypersensibles ont besoin de mettre de l'ordre dans leur mental

Mais que se passe-t-il donc dans la tête des hypersensibles ? Là où d'autres sont capables de se concentrer sur une seule idée et de la « creuser », ils en sont déjà à la dixième qui contredit souvent la première sinon la fait oublier, réveille de nouvelles pensées, d'autres envies – ou d'autres ruminations. Ce chaos est souvent épuisant, on aimerait faire silence, mais chaque mot, chaque geste, chaque réaction, chaque choix, chaque interrogation sont une nouvelle possibilité, un nouvel abîme, une nouvelle occasion de penser davantage, sans aucune restriction.

Le fonctionnement de l'esprit hypersensible est singulier. C'est la pensée des mille et une nuits où chaque histoire racontée par Schéhérazade est associée à la suivante, qui part pourtant dans une autre direction, dans un autre univers et dans un ordre qui défie les règles de la logique ordinaire pour témoigner du bouillonnement d'une énergie créative inépuisable.

Suis-je hypersensible ?

Cette intensité est exaltante, certes. Mais elle risque aussi de conduire à des impasses. L'un de mes amis me décrit ainsi ce qu'il lui en coûte d'organiser un dîner chez lui : « Je vois instantanément tout ce j'ai à faire : décider du menu, des courses, prévoir les boissons, ranger la maison, cuisiner, dresser la table, dessiner le plan de table… Le problème est que tout surgit en même temps dans mon cerveau et mon perfectionnisme me fait paniquer face à l'ampleur de la tâche : je ne pourrai pas tout mener à bien. D'autant que pour chaque action, je vois tous les possibles, tous les problèmes qui peuvent se poser, je pèse les stratégies, je change d'avis parce que j'ai une meilleure idée, je suis perdu, j'hésite, je tergiverse, je ne sais pas comment ni par où avancer. Je suis littéralement écrasé, immobilisé par tant d'intensité. Je finis souvent par renoncer et je m'en veux. Je rumine ce renoncement, j'en ai des insomnies. »

Je connais beaucoup d'autres personnes pour qui l'organisation d'un dîner passe comme une lettre à la poste. Elles savent d'avance comment procéder et dans quel ordre. Leur esprit en tunnel, celui de l'extrême rationalité, ordonne, classe, hiérarchise sans se laisser perturber par des pensées subsidiaires. Il ne laisse pas le moindre interstice par lequel pourrait s'introduire le chaos. Mais un petit grain de sable peut boucher ce tunnel qui ignore la fantaisie. Et c'est la catastrophe puisque, à force d'ordonner et de planifier, l'esprit en tunnel ne sait plus gérer l'imprévu.

Systématisé, il est desséchant. Exagéré, l'esprit des mille et une nuits comporte lui aussi des risques, le principal étant de se perdre en route, de tourner en rond et de ruminer. Puis d'abandonner. Ni par paresse ni par procrastination, mais par submersion. Tant qu'il ne connaît pas son « mode d'emploi », l'hypersensible perd ses moyens, toujours enthousiaste, mais incapable de mener ses multiples tâches à leur terme. Quand il se répète, ce scénario se traduit en anxiété, en fatigue, en inquiétude et conduit, sur le long terme, à une fragilité douloureuse.

Beaucoup nous envient pour le jaillissement permanent d'idées qui caractérise l'esprit des mille et une nuits. C'est un bien précieux… tant que nous ne dépensons pas une énergie phénoménale pour tenter de mettre de l'ordre dans cette multiplicité. Car c'est à la fois notre force et notre point faible : nous pensons dans tous les sens, mais nous voulons donner du sens à chaque pensée, comprendre le chaos dans notre esprit et, de manière plus générale, ce qu'il nous arrive.

On connaît les conseils prodigués dans de telles situations : être plus calme, « faire le vide » dans sa tête, essayer de se contrôler. Ils sont vains, ils sont malsains. L'hypersensible ne peut pas, par le simple acte de sa volonté, « faire le vide » : d'autres informations, d'autres idées surgissent en permanence, bousculent, remettent en question les solutions qui avaient été envisagées. À force de chercher à se calmer, il, elle, tourne de plus en plus frénétiquement en rond.

J'étais ainsi tant que je ne savais pas nommer ce que je vivais. Le piège que l'on me tendait, sans aucune arrière-pensée, était le classique « fais confiance à ce que tu sens ». Cette suggestion, pourtant de bon sens, me plongeait dans le désarroi le plus total : je passais des heures à me demander si mes intuitions étaient justes… et à avoir d'autres idées, d'autres fulgurances qui m'étouffaient.

La confiance s'apprend avec le temps, mais elle n'est pas le premier pas à effectuer pour cohabiter harmonieusement avec la pensée des mille et une nuits. Tu ne peux pas fuir ta sensibilité, et d'ailleurs pourquoi le ferais-tu ? elle est un merveilleux atout. Tu ne peux pas non plus nier l'expérience que tu vis, qui t'habite, qui est en toi sans être toi, qui te dépasse. Elle est aussi l'expérience de la liberté, l'état le plus adéquat pour négocier avec la complexité du réel.

Mais il arrive qu'au lieu de te sentir libre et de voyager, tu te sentes suffoquer. J'ai connu ce sentiment. Bien que n'étant pas un grand admirateur de Descartes, c'est dans son *Discours de la méthode* que j'ai trouvé la solution. Une technique qu'il a imaginée en s'appuyant sur le cas de voyageurs perdus dans une forêt, comme tu peux l'être dans tes pensées. Ils « ne doivent pas errer en tournoyant tantôt d'un côté tantôt d'un autre, écrit-il, ni encore moins s'arrêter en une place, mais marcher toujours le plus droit qu'ils peuvent vers un même côté. [...] Ils arriveront au moins à la fin quelque part où vraisemblablement ils seront mieux que dans le milieu d'une forêt ».

L'hypersensible est semblable à ces voyageurs. Assailli de pensées, il veut prendre tous les chemins en même temps, par crainte de passer à côté du « bon » chemin, celui qui l'amènera à sa destination. Tu cherches, toi aussi, à trouver toutes les solutions en même temps. Essaie plutôt d'avancer pas à pas, dans une seule direction. Donc de passer à l'action qui est le seul moyen de cesser de tourner en rond. Ne te laisse pas détourner par les autres pensées qui t'assaillent : dis-leur bonjour et laisse-les repartir. Tu organises un dîner et tu ne sais pas comment t'en sortir ? Ne pense d'abord qu'à ton menu et établis la liste des courses. Tu te saisiras ensuite du problème suivant. Applique cette technique avec « méthode ». Au lieu de te laisser disperser, persévère, trace ton sillon, histoire d'arriver quelque part. Et tant pis si ce n'est pas exactement la destination que tu t'étais fixée : comme le dit Descartes, « ceci fut capable dès lors de me délivrer de tous les repentirs et les remords ».

Une stratégie complémentaire est celle de la to-do-list, la liste de tâches à effectuer, c'est-à-dire du chemin à tracer pour sortir de la forêt. Elle m'est devenue un réflexe. Je note tout ce que j'ai à faire, en vrac, sans me donner de priorités. Je prends garde à ce que ma liste ne soit pas trop longue : je m'y perdrais. Curieusement, quand j'ai noté une tâche sur la feuille, je cesse d'y penser – ou j'y pense beaucoup moins. Le fait de l'écrire en soulage mon esprit : j'échappe au risque de la rumination qui guette un hypersensible. Puis, ma feuille à portée de regard, je fais confiance à un quelque chose qui travaille en moi. Je me laisse ainsi tranquillement mettre en phase avec chacune des tâches. À un moment, je sens que je suis prêt et ce qui semblait insurmontable ou rébarbatif devient plus facile et même plaisant. C'est paradoxal, je le sais. Mais, comme tout hypersensible, je réussis d'autant mieux à faire tout ce que j'ai à faire quand je ne me mets pas plus de pression, mais que je fais confiance à mes capacités.

Quand tu es submergé par tes pensées, ne cherche pas tout de suite à les arrêter. Cela peut te sembler paradoxal, presque insensé, mais fais confiance au feu d'artifice de ton esprit des mille et une nuits. Il est d'ailleurs la pierre angulaire des séminaires de créativité où l'on demande aux participants d'oser imaginer, voyager, inventer, associer pour donner une nouvelle impulsion à un dossier, à un sujet, à une thématique.

Je pense trop

Remarque tout ce qui te vient à l'esprit sans juger. C'est une belle marque de confiance à l'égard de ce qui œuvre en toi. Prends ces quelques minutes qui vont te donner de nouvelles perspectives sur la situation. Et puis laisse faire ! Tu es alors au sommet du travail. Ensuite, tu n'auras plus qu'à monter sur ton tapis volant qui saura te mener jusqu'à destination...

CE QU'IL FAUT RETENIR

• L'hypersensible pense trop. Il est doté d'un esprit des mille et une nuits qui l'emporte dans toutes sortes d'univers. Ce voyage peut être un feu d'artifice, mais parfois il épuise et donne l'impression de tourner en rond.

• Dans ce cas, assume une restriction qui te donnera de l'ordre, de la clarté. Il ne s'agit pas de t'opposer à ton esprit des mille et une nuits ni à chercher à le contrôler, mais à lui indiquer un chemin.

• Deux méthodes complémentaires t'aident à mettre de l'ordre dans le désordre : la technique méthodique de Descartes et la to-do-list qui te libère l'esprit.

EXERCICE

Tu n'as pas toujours confiance dans ton esprit des mille et une nuits, et encore moins dans ton tapis volant. Pourtant, tous les créatifs te l'envient !

Apprends à le développer et, pour cela, ose t'asseoir, avec ton problème, sur ton tapis, et mettre entre parenthèses tout esprit de jugement. Laisse le feu d'artifice se produire.

Si tu n'y arrives pas seul, travaille en binôme : fais appel à une personne qui ne connaît pas forcément le sujet et qui te posera les bonnes questions, c'est-à-dire les plus simples et les plus naïves.

Pars dans toutes les directions, note ce qui te vient à l'esprit.

Tu mettras de l'ordre dans un deuxième temps, puis tu passeras facilement à l'action.

12

ANCRAGE

Comment trouver des ressources en soi en prenant appui sur son hypersensibilité

J'ai eu la chance de fréquenter François Roustang, un personnage hors normes, ancien jésuite devenu psychanalyste puis hypnothérapeute, décédé en 2016. Roustang avait initié une approche inédite de l'hypnose thérapeutique fondée sur le « être là ». Un principe simple, qui peut même sembler simpliste, mais qui est en fait un chemin initiatique, un changement d'ordre, de régime, qui consiste à revenir très profondément, très radicalement à ce que signifie « être là où l'on est ».

La première fois que je l'ai rencontré, c'était à l'occasion d'un colloque consacré à l'hypnose et à la méditation, dans lequel nous intervenions tous les deux. Je démarrais mon enquête sur l'hypersensibilité, et ses propos allaient à contre-courant de tout ce que je lisais et écoutais sur le sujet. Ils tenaient en une phrase : « On ne peut vivre avec son hypersensibilité qu'en l'aidant à s'épanouir. »

La clé, avait-il ajouté, ne réside pas dans la compréhension de ce phénomène ; chercher à comprendre est un acte de la raison qui est ici impuissante. On ne raisonne pas un hypersensible pour qu'il devienne moins sensible ; on ne réussit ainsi qu'à aggraver ses problèmes puisqu'il n'y parviendra pas et se sentira encore plus entravé. L'hypersensibilité ne se « règle » pas par un acte de la volonté.

La technique qu'il avait adoptée avec ses patients était surprenante : il leur demandait de s'asseoir. Et c'est tout. Mais s'asseoir avec l'entièreté du corps, avec l'entièreté de l'être, sur une chaise, dans un fauteuil, dans la situation dans laquelle on se trouve, dans sa propre vie. À être absolument là, synchronisé avec son corps, sans chercher à comprendre ni à résoudre quoi que ce soit. Tu es perdu, tu es inquiet ? Assieds-toi tel que tu es dans ce fauteuil. Consens à être pleinement où tu es, ancré dans une intensité de présence.

Je suis allé le voir chez lui, intrigué.

— Asseyez-vous dans ce fauteuil, s'est-il contenté de me dire.

Il m'a observé quelques instants en silence.

— Non, vous n'êtes pas assis, vous êtes au-dessus de vous. Vous êtes en train de réfléchir, arrêtez de réfléchir.

Il me regardait, je me suis laissé glisser. Je me suis posé comme une pierre dans ce fauteuil. J'ai abandonné mes pensées, je n'étais plus que moi, assis dans ce fauteuil. Quelques minutes, je ne saurais dire com-

Ancrage

bien exactement, sont passées. D'un coup, un déclic s'est produit, j'ai été assis dans ma vie, au cœur de ma vie. J'ai cessé de chercher à contrôler. Je n'ai pas fait le vide dans ma tête, mais j'ai cessé de vouloir comprendre, de vouloir juger. D'ailleurs, il n'y avait rien à comprendre, juste à faire. Et j'ai pleuré. Je me réconciliais avec tout ce qui se passait en moi, dans ma vie, avec ma douleur, avec ma peur, avec mes angoisses. Je les sentais se dissoudre comme un cachet d'aspirine dans un verre d'eau.

Il n'est pas aisé de s'asseoir où l'on est, de ne pas se tenir, de ne pas se regarder. Il n'est pas évident de baisser les bras quand on s'est toujours battu, et d'être juste là. L'hypersensible s'épuise à trouver des stratégies pour faire face aux situations de sa vie, mais ces stratégies ne font que mettre de l'huile sur le feu.

Sur ce fauteuil, j'ai rendu les armes. J'ai cessé de réfléchir : quand tu réfléchis, tu n'es déjà plus là, tu es uniquement dans ta tête. Or, ainsi que le répétait François Roustang, aucune réflexion n'a jamais apporté de solution. C'est d'ailleurs ce qui lui avait valu une belle levée de boucliers : son approche, qui n'implique pas de comprendre avec la tête mais qui se joue dans le corps, avec notre être tout entier, entraîne forcément des résistances tant elle va à contre-courant de ce que l'on nous a toujours affirmé.

En réalité, cette technique consiste à se réconcilier avec son hypersensibilité, à guérir ce qui est douloureux en elle, en travaillant avec elle, non contre elle. L'ancrage est une méthode pour s'ouvrir à ce que François Roustang appelait la « perception élargie », par opposition à la « perception restreinte ».

La perception restreinte est de l'ordre de la concentration : je restreins mon attention sur un dossier, sur un problème, puis sur un autre dossier ou un autre problème, au détriment de tout ce qui est périphérique. La perception élargie consiste à être entièrement en rapport à ce qui est, dans un état de veille globale. C'est être pleinement, en faisant confiance à l'entièreté de ce que l'on perçoit, de ce que l'on ressent. Cette dimension de présence a une vertu rare pour l'hypersensible : elle apaise radicalement ses brûlures, ses tourments.

Elle est un mode d'accès privilégié à ce que le psychiatre américain Milton Erickson, qui a consacré de nombreux travaux à l'hypnose clinique, nomme « l'inconscient ». Un inconscient qui a peu à voir avec celui que décrit Freud. L'inconscient ericksonien n'est pas un « refoulé obscur », mais un « réservoir lumineux » où se trouvent toutes nos ressources intérieures, nos savoirs, nos potentialités latentes qui ne demandent qu'à s'exprimer. Cet inconscient a son propre mode de fonctionnement. Il sait raisonner et trouver des solutions sans que l'on en ait conscience. Et il sait faire : au fil des années, il accumule un énorme savoir faire de nos expériences, de nos acquis, de nos échecs, de nos réussites. D'ailleurs, il n'est pas rare qu'il

Ancrage

ait la solution d'un problème tandis que notre conscience y réfléchit encore. Il est un trésor inexploré que nous négligeons d'exploiter.

En t'ancrant, tu te reconnectes avec cette ampleur, tu te resynchronises avec la vie, avec ton pouvoir, avec le possible, avec tes ressources. Tu fais la paix avec la dimension d'hypersensibilité inhérente à toute existence humaine. Tu règles tes problèmes en te posant, parce que tu es à nouveau disponible.

CE QU'IL FAUT RETENIR

• On s'épuise à vouloir régler ses problèmes et à chercher à se rassurer, mais personne ne s'est jamais rassuré par la seule force de la volonté. On se rassure en arrêtant de vouloir se rassurer et en se posant.

• Nos sociétés ont tout misé sur la compréhension. Mais peut-être que parfois il n'y a rien à comprendre et juste à faire, dans un autre rapport à l'existence ?

• Accorder sa confiance à la vie, au présent, sans rien attendre, sans rien chercher, est la seule recette magique que je connaisse. Le plus difficile est d'y consentir.

EXERCICE

S'asseoir, s'ancrer, demande du courage parce que tu crois que c'est compliqué. C'est pourtant simple.

Fais confiance au simple, au fait que le présent ne t'est pas hostile.

Assieds-toi, prends un temps pour être là, dans ton problème, dans ta situation.

Laisse les forces de vie œuvrer en toi.

C'est un moment déconcertant, tu auras envie de résister.

Ancre-toi comme une pierre et attends.

13

CŒUR

Les chemins de notre cœur sont surprenants et mystérieux

L'une des raisons du déni de l'hypersensibilité est la coupure profonde de notre époque avec son propre cœur. Nous imaginons ainsi être plus efficaces ; en réalité, nous nous enfermons dans une profonde souffrance et impuissance.

Au cours de ces dernières années, toutes sortes de méthodes de gestion de soi destinées à soi-disant favoriser l'ouverture du cœur sont apparues. Je ne porte de jugement sur aucune d'entre elles, mais je regrette que la plupart fassent appel à des techniques qui ne peuvent pas fonctionner. C'est juste contradictoire. On ne peut pas décider d'ouvrir son cœur comme on le ferait pour une porte de voiture. Un cœur ne s'ouvre que de manière surprenante, presque par accident.

L'ouverture du cœur est une histoire de vie...

Une amie m'avait confié son chien, un petit chihuahua qui, pendant une semaine, m'a escorté à tous mes rendez-vous, y compris au chevet d'un proche dans une unité de convalescence psychiatrique.

Nous étions installés dans le jardin de l'unité, le chien sur mes genoux, quand une patiente, visiblement agitée, s'est approchée de nous. Elle m'a demandé si le chien allait la mordre. Je l'ai rassurée : il était incapable de mordre quiconque. Elle s'est avancée doucement, a tendu la main et l'a caressé. Le chien s'était immobilisé sur mes genoux, puis il lui a léché la main. La scène me paraissait se dérouler au ralenti, limitée au contact sensoriel qui se nouait entre ces deux êtres. Elle le caressait et les larmes coulaient de ses yeux. Une brèche s'était ouverte en elle, laissant libre droit à ses émotions, à une affectivité originelle. Brusquement, elle comprenait que le monde ne lui était pas entièrement hostile, qu'elle avait le droit d'être dans ce monde, qu'elle pouvait revenir dans sa vie.

J'ignore si cette femme était hypersensible, mais, en se laissant toucher au cœur par un chien qui la léchait, en s'éveillant à ses sens, elle venait d'être réintégrée à sa dimension humaine fondamentale. Quelques jours plus tard, j'avais demandé de ses nouvelles à un infirmier. Il m'avait confirmé que depuis cet épisode auquel il avait assisté, elle était moins agitée, elle regardait la télévision avec les autres et discutait avec eux.

Cette anecdote a éclairé pour moi un phénomène central : la puissance de la sensorialité originelle, instinctive, non réfléchie. Elle est la troisième dimension de notre humanité, à côté des dimensions cognitive et émotionnelle, mais nous avons tendance à la négliger, à la mépriser. Sans doute parce qu'elle ne peut pas se traduire en mots ?

Elle se révèle toujours par effraction, par accident, elle ne se programme pas, ne se décide pas. Quand elle advient, elle ne demande qu'à s'épanouir pour nous régénérer, nous guérir. Elle est une expérience d'hypersensibilité qui s'offre à chacun, pour peu que l'on abandonne la tentation du contrôle. Elle déborde du seul champ de la sensibilité, elle envahit le cognitif, l'émotionnel, l'affectif. Elle nous rend animaux, elle nous rend humains, elle nous réintègre dans notre propre humanité. Elle est l'humanité palpable, tangible, sensible, étrange, singulière.

J'avais connu autrefois le dirigeant d'une multinationale, un homme au parcours exemplaire selon les critères de notre société : multidiplômé de grandes écoles, cadre dirigeant à vingt-cinq ans, des échelons gravis au rythme de l'éclair jusqu'au sommet. Hormis son travail, il n'avait aucune passion, aucun rêve. Puis sa sœur a connu un accident de parcours et il l'a hébergée quelque temps chez lui avec sa fille, une gamine de deux ans, vive et enjouée. Ses contacts avec la fillette étaient limités au strict minimum. Il n'avait évidemment pas le temps de s'occuper d'elle et, même s'il la trouvait adorable, il souhaitait juste ne pas être dérangé dans son travail.

Une bronchite mal soignée a failli emporter la petite. Une fièvre maximale, l'étouffement : réveillé par sa sœur en pleine nuit, il les conduisit à l'hôpital. La situation était grave. Pour une raison qu'il ne s'explique pas, il était resté avec sa sœur aux urgences. Au petit matin, elle s'était assoupie, lui-même continuait de surveiller le va-et-vient des infirmières. Elles tenaient la main de l'enfant, inconsciente, lui caressaient le front. Quand l'une d'elles a commencé à lui chanter une berceuse, les larmes lui sont montées aux yeux. Au lieu de les refréner comme à son habitude, il les a laissées couler. Il avait été brutalement touché en plein cœur.

J'avais revu cet homme des mois plus tard, il n'était plus le même. Il participait à un séminaire de méditation, ce qui m'avait paru incongru, au regard du personnage. Nous avions eu le loisir d'en discuter. Il m'avait raconté l'instant déclencheur de sa métamorphose : la chanson de l'infirmière. Des souvenirs lui étaient revenus, une émotion intense l'avait étreint. Il s'était laissé aller à la joie de l'écouter. La vie qui était bloquée en lui s'était rouverte. Ce jour-là, il n'avait pas rejoint son bureau à 7 h 30 comme chaque matin. Il était resté à côté de sa sœur, au chevet de l'enfant. Il était redevenu humain.

Cœur

L'hypersensible a la chance de vivre ces expériences plus souvent que les autres. Elles sont parfois étranges, elles suscitent en nous des réactions objectivement inconsidérées, mais elles sont salutaires parce qu'elles libèrent du cadre et de la zone de confort, elles sortent de la routine, augurent le merveilleux qui fait la vie.

L'historien Jules Michelet raconte que Saint Louis, le roi de France, n'avait pas reçu le don des larmes et qu'il en ressentait le manque : il était incapable d'être touché dans la plus grande profondeur de son existence. Un jour, on n'en connaît pas les circonstances exactes, il sentit enfin ses larmes couler. « Elles lui semblèrent si savoureuses et très douces, non pas seulement au cœur, mais à la bouche. » La tradition chrétienne parle, à juste titre, de la grâce bienfaisante des larmes, *gratia lacrimarum* : cette grâce jaillit de l'âme qu'elle irrigue d'abord pour la guérir de la sécheresse, cet état que l'on appelle aujourd'hui la dépression. Dans un deuxième temps, les larmes atteignent les yeux et commencent à couler.

Quand tout te semble fermé devant toi, quand tu as l'impression d'être emprisonné, laisse-toi aller à un moment d'hypersensibilité qui, seul, pourra tout dénouer. Accepte la possibilité d'une solution qui viendra du seul fait que ton cœur sera touché. Laisse cette expérience aller à son terme. Le soulagement adviendra…

CE QU'IL FAUT RETENIR

• Ne cherche pas à ouvrir ton cœur : aucun artifice ne te le permettra, car le cœur et l'amour ne peuvent pas se fabriquer. Et c'est une bonne nouvelle.

• Laisse la vie travailler en toi. Donne une chance à l'inattendu, à la surprise, à la rencontre avec ton cœur.

• Ne rejette pas les larmes, elles sont du miel.

EXERCICE

Tu as tous les jours l'occasion d'être touché, mais tu es trop pressé, tu n'y prêtes pas attention, tu juges ces incidents anecdotiques ou sans intérêt, et tu as tort.

Un fait insignifiant t'interpelle ? Donne droit à ce moment au lieu de passer tout de suite ton chemin, c'est ainsi que tu cultiveras l'accès à ton cœur.

Pour savoir que tu as été touché, tu attends que la *Cinquième Symphonie* de Beethoven résonne. Mais dans la vraie vie, elle ne résonnera pas parce que tu as vu la première fleur du printemps, ni parce que la vendeuse t'a offert trois pommes.

Ce sont pourtant ces petits faits, en réalité immenses, qui font la merveille de la vie.

14

JACOB

*Comment assumer des responsabilités
quand on est hypersensible*

Une petite chose fragile, l'hypersensible ? Ce n'est pas ce que raconte la Bible quand elle désigne les trois grands patriarches choisis par Yahvé pour sceller une alliance : Abraham, son fils Isaac et son petit-fils Jacob. On imagine ces personnages imposants, charismatiques, forts. Des meneurs auxquels est dévolu le rôle de forger une nation. Jacob, le troisième patriarche, n'est rien de tout cela. Il est la plus hypersensible de toutes les figures bibliques. Son histoire, racontée il y a près de deux mille cinq cents ans dans la Genèse, est un récit initiatique. Elle est l'un des beaux enseignements dont peut s'inspirer tout hypersensible afin de s'accomplir pleinement.

Jacob, fils d'Isaac, a un frère jumeau, Ésaü, descendu avant lui du ventre de leur mère Rébecca. Ésaü est donc l'aîné, ne serait-ce que de quelques minutes, et il en a d'ailleurs les attributs : chasseur émérite comme leur père, guerrier conquérant, homme de la confrontation, du combat, il est le préféré d'Isaac. Jacob, lui, est chétif, fragile, peureux, un peu timide, très proche de leur mère. Il est un être de l'intériorité – on le qualifierait aujourd'hui de handicapé social. Ésaü s'en va explorer le monde, Jacob est le berger qui s'occupe du troupeau et adore cuisiner.

Jacob est émerveillé par Ésaü, mais il le jalouse. Un jour, de retour des champs, Ésaü hume le parfum des lentilles que Jacob a préparées. Il est affamé et lui réclame un plat. Jacob le lui donne en échange de son droit d'aînesse. Ésaü a faim, il consent.

Mais il reste à Jacob, pour obtenir pleinement ce droit, à être béni par son père. Avec la complicité de sa mère Rébecca, il déjoue la vigilance d'Isaac atteint de cécité. Jacob est glabre ; il recouvre son bras d'une peau de bête pour mimer le bras d'Ésaü. Grâce à ce subterfuge, il reçoit la bénédiction tant attendue.

Isaac est-il dupe de la manigance ? J'ai posé cette question à des rabbins qui m'ont apporté une explication très fine. Isaac dit à son fils : « Tu as la voix de Jacob, mais tu as les mains d'Ésaü. » Ce qui est une manière de lui dire : tu restes Jacob avec tes fragilités, ton intériorité, ta sensibilité, mais tu as acquis des mains grâce auxquelles tu es désormais capable de t'engager dans l'action, dans la vie.

Jacob

Il est hypersensible, mais il est désormais prêt à agir, à prendre des responsabilités politiques, sociales et spirituelles. Dans notre langage, on dirait : à être un leader. C'est la première leçon que l'on tire de ce récit : l'hypersensible peut avoir la tentation de se réfugier dans son intériorité. Or, pour mieux vivre avec son hypersensibilité, pour en tirer tous les bénéfices, il lui faut entrer dans l'action. Il transforme ainsi radicalement son rapport à son hypersensibilité.

Le récit biblique se poursuit. Apprenant cette trahison, Ésaü est furieux. Il décide de tuer son frère. Rébecca, inquiète, demande à Jacob de fuir chez son oncle Laban pour sauver sa peau. Jacob ne s'est jamais éloigné de chez lui. Mais depuis qu'il a reçu la bénédiction d'Isaac, il est prêt à aller au-delà de sa peur, à quitter le cocon familial pour explorer le monde, travailler, trouver femme. Même si c'est difficile, ce sera son chemin de guérison. À partir de ce moment, son hypersensibilité cesse d'être une introspection infinie. Elle devient inséparable d'un engagement concret dans le monde.

C'est la deuxième leçon du récit : l'hypersensibilité t'offre des possibilités. Tu es ingénieux. Laisse s'exercer ton talent.

La sensibilité de Jacob va effectivement lui permettre de vaincre les obstacles. Comme tous les hypersensibles, il est créatif, novateur, il déborde d'idées surprenantes, différentes de ce qui se fait habituellement. Son oncle l'accueille et lui confie la gestion de ses troupeaux. Jacob est habile, il réussit à les faire prospérer bien mieux que les troupeaux des voisins. Laban est comblé. Il lui donne en mariage sa première fille, puis la deuxième – la polygamie était alors admise et valorisée. Jacob continue de travailler dur, d'essayer de toujours mieux faire. Il devient à son tour riche en bétail et en serviteurs, raconte la Bible. Au bout de vingt ans de loyauté à l'égard de son oncle, il décide de rentrer chez lui avec ses épouses et ses troupeaux.

Le voyage n'est pas aisé. Jacob est inquiet. En route, après avoir mis les siens à l'abri pour la nuit, il va s'allonger seul sur une pierre pour se préparer à la rencontre avec son frère. Comme tous les hypersensibles, il a besoin, pour ne pas se perdre, pour ne pas être submergé, de moments de silence et d'espace. Ils sont bénéfiques tant que le recueillement ne devient pas un enfermement.

Dans l'isolement en soi, il y a toujours un combat à mener avec sa propre part d'ombre, avec ses peurs, avec tout ce que l'on refuse de soi. C'est la troisième leçon du récit de Jacob. La Bible met cette leçon en scène : un inconnu arrive de nuit et attaque Jacob. Leur lutte durera jusqu'à l'aube.

Jacob se bat, il ne lâche pas, il se tient droit, il n'a pas à avoir peur du péril. Il peut se battre parce qu'il a déjà parcouru un chemin qui lui a donné de la force. Cette lutte, dans laquelle chacun d'entre nous devrait, à terme, s'engager, est

Jacob

le fruit d'un long mûrissement. Jacob peut la mener parce qu'il a franchi les deux premières épreuves de l'hypersensibilité : il est entré dans l'action et il a découvert son ingéniosité. Il lui reste, par ce combat, à triompher de lui-même.

Car les rabbins expliquent que cet homme, c'est le visage divin de Jacob. Autrement dit, Jacob a lutté contre lui-même, pour découvrir qui il est vraiment. Il est prêt à s'engager dans un combat intérieur que nous avons tous à mener. Il réussit ainsi à surmonter ses contradictions, et à réunir pleinement l'intériorité et l'extériorité.

Il n'en sort pas indemne : il est blessé à la cuisse. Il conserve la trace de cette lutte : il boitera jusqu'à la fin de ses jours. La blessure de son hypersensibilité ne sera plus seulement intérieure, elle sera visible de tous puisqu'elle se manifeste dans sa chair. C'est une bonne nouvelle : plutôt que de le ronger, elle est désormais assumée. Tu ne boiteras peut-être pas, mais tu accepteras, de temps en temps, de bégayer, de verser des larmes, d'exprimer ton hypersensibilité sans que cela te pose problème.

À l'aube, l'inconnu veut arrêter le combat. Jacob n'accepte d'abandonner qu'à la condition d'être béni par lui. L'inconnu le bénit et lui donne un nouveau nom, Israël, « celui qui a lutté avec Dieu ». Toi aussi, tu seras un leader à condition de traverser l'épreuve de ce combat, de t'assumer entièrement, comme tu es, de déclarer ouvertement ton hypersensibilité.

Suis-je hypersensible ?

Parce qu'il a accepté sa peur, Jacob s'est révélé capable d'être un patriarche. En assumant son hypersensibilité, en puisant dans ses trésors pour s'engager dans le monde, en apprenant à se tenir. Il peut désormais aller à la rencontre de son frère qu'il est à même de voir enfin tel qu'il est. Venu avec quatre cents hommes, Ésaü veut, quant à lui, en découdre. Même s'il a vaincu l'ange, Jacob doit encore triompher de cette épreuve en prenant le risque de rencontrer son frère. Des épreuves, tu en rencontreras toi aussi tout au long de ta vie.

Jacob, et c'est la quatrième leçon de ce récit, a le courage d'aborder cette épreuve avec humilité – il en est capable parce qu'il est hypersensible. Il part, ému, à la rencontre d'Ésaü et lui remet un présent. Ésaü voulait prendre sa revanche, mais il est bouleversé, désarmé face à ce geste d'amour. Il accepte le présent de son frère. Il rend les armes à son tour. En hommage à ce parcours, les douze tribus de leur peuple porteront le nom de Jacob : Israël.

Ce récit est l'un des plus beaux enseignements pour tout hypersensible. Jacob est loin d'être un héros parfait, mais avec sa sensibilité, sa fragilité, son inventivité, sa liberté, il est autorisé à affronter la vie, c'est-à-dire à se constituer comme être humain. Tant qu'il est englouti par la peur, renfermé sur lui-même, il ne sait plus voir l'autre dans son altérité. Même son frère devient, à ses yeux, une menace. Afin d'endosser le statut de patriarche, il aura un chemin à parcourir, chemin

Jacob

au cours duquel son hypersensibilité se révèle la clef de voûte de son engagement dans le monde.

Ce sera ton combat, celui qui transmuera ton hypersensibilité et en fera ta force. Tu resteras blessé comme Jacob, mais ta blessure sera admirable, elle sera la blessure de l'humanité en toi.

Tout être humain, au fond, est blessé. L'hypersensible est juste celui qui témoigne que le fait d'assumer sa blessure est la dignité de l'être humain sur cette terre. Tu resteras debout.

CE QU'IL FAUT RETENIR

• L'histoire de Jacob est un récit initiatique. Un chemin auquel nous sommes tous conviés pour grandir, prendre nos responsabilités, devenir des leaders dans notre vie.

• Pour s'accomplir, l'hypersensible est appelé à emprunter ce chemin qui n'est pas facile, mais exaltant et qui passe par des métamorphoses.

• C'est un chemin en quatre étapes que décrit le récit de Jacob : entrer dans l'action, développer son talent, rencontrer ses zones d'ombre et, enfin, accepter de vaincre en restant humble, en restant soi.

EXERCICE

Le premier pas pour entamer ce chemin consiste à entrer dans l'action. Il ne s'agit pas forcément d'une action spectaculaire, elle peut même te sembler dérisoire, mais elle est capitale.

Tu es paralysé alors que tu voudrais poser une candidature, lancer un projet ? Effectue un geste, quel qu'il soit : écris un mail, appelle un ami, une connaissance, ne serait-ce que pour demander conseil.

Tu déplaces ainsi la situation en brisant le cercle vicieux de la rumination.

Tu sors de l'intériorité pour entrer dans la réalité.

L'important n'est pas de triompher tout de suite, mais de bénéficier de la puissance de l'action.

15

SURDOUÉ

*Et si c'était une autre manière
d'appeler les hypersensibles ?*

À la fin du XIXe siècle, dans l'euphorie des sciences nouvelles, on a voulu tout mesurer, tout mettre en équations, y compris l'intelligence. Des tests divers et variés sont imaginés. En 1904, le psychologue Alfred Binet est sollicité par une commission ministérielle française qui cherche à dépister, dans les écoles, les enfants les moins « doués », ayant besoin d'être soutenus ou réorientés. Il établit des séries de questions auxquelles 75 % des enfants d'une même classe d'âge sont supposés pouvoir répondre et il conçoit la notion d'âge mental.

Dans la foulée de Binet, le psychologue allemand William Stern avance le principe du QI, le quotient intellectuel, qui consiste alors à diviser l'âge mental par l'âge physique et à multiplier le résultat par 100 – chiffre qui représente la moyenne d'équilibre. Étant entendu que les enfants qui ont un QI inférieur à 100 sont considérés porteurs d'un retard intellectuel plus ou moins important, et ceux qui ont un QI supérieur sont supposés être plus intelligents que les autres. Par la suite, des tests, construits sur le modèle des questionnaires de Binet, seront introduits pour mesurer également le QI des adultes. Il en existe aujourd'hui pléthore, le Stanford-Binet qui est le plus utilisé, le WISC et le K.ABC spécifiques aux enfants, le WAIS pour les adultes, les tests Army Alpha et Army Beta de l'armée américaine adaptables aux personnes ne sachant ni lire ni écrire...

À la fin des années 1940, le neuropsychiatre Julian de Ajuriaguerra est le premier à parler de « surdoués » pour qualifier les individus ayant un QI très supérieur à la moyenne – plus de 130. Ce mot suscite d'ardents débats parce qu'il contredit la notion d'égalité : y aurait-il, dès l'enfance, des individus supérieurs aux autres, des « surdoués », par opposition à des « sous-doués » ? Dans ce cas, quel est ce don et qu'implique-t-il ? Cette question n'est pas encore résolue.

En effet, les tests de QI mesurent un certain nombre de performances intellectuelles en action, mais on ne sait pas ce qu'ils indiquent véritablement. Car l'intelligence n'est pas unilatérale. On a découvert qu'elle repose sur différents critères : elle n'est pas seulement liée à la logique et à la raison, mais aussi aux émotions, au vécu de l'individu, à la capacité d'appréhender une situation dans sa globalité et de trouver des solutions qui ne sont pas seulement théoriques, et même aux sens – l'intelligence de la main est connue depuis des millénaires. Il existe ainsi différents types d'intelligences : relationnelle, mémorielle, corporelle, linguistique... Or, dans leur écrasante majorité, les tests de QI restent scolaires et ne tiennent pas compte de l'intelligence globale, la seule qui ait une vraie valeur. Le philosophe en moi ne peut pas confondre une mesure avec un rapport de vérité de l'être humain.

D'autres mots ont par la suite été posés pour désigner ces personnes que l'on prétend plus intelligentes que la moyenne. Dans les années 1980, « précoce » a pris le relais de « surdoué », laissant imaginer que certains enfants sont en avance sur les autres, lesquels rattraperont probablement ce retard à l'âge adulte. En France, le ministère de l'Éducation nationale oscille entre ce terme et celui de « haut potentiel », tout en admettant que les auteurs scientifiques ne s'accordent pas toujours sur les critères du diagnostic. Les académies régionales d'éducation reconnaissent que ces critères ne se limitent pas au QI : celui-ci n'est qu'un indice parmi d'autres. De plus, elles constatent que cet état, quel que soit le nom qu'on lui donne, est souvent associé à... des troubles : de l'apprentissage, de l'attention, voire à une dyslexie ou à une dyspraxie. Ce qui écorne, avouons-le, le stéréotype du petit génie.

De plus en plus d'experts commencent à reconnaître qu'aucun de ces mots ne paraît adéquat pour désigner la réalité d'individus qui ne sont ni en avance ni en retard, qui ne comptent d'ailleurs pas parmi les élèves les plus brillants, mais qui sont effectivement porteurs d'une singularité. Leur fonctionnement intellectuel n'entre dans aucune case, il dénote surtout une manière d'être au monde très spécifique. Très hypersensible.

Les éducateurs le savent : la plupart des enfants diagnostiqués « surdoués » n'ont pas été envoyés effectuer ces tests parce qu'ils sont brillants, mais au contraire parce qu'ils sont maladroits, lents, agités, émotifs, étranges, perturbateurs, voire soupçonnés... d'être des « sous-doués ». Ils sont une énigme pour leur entourage, mais également pour eux-mêmes. Ils se savent différents des autres enfants et s'en sentent coupables, ils dissimulent parfois très tôt cette différence sous un faux self qui ne fait que compliquer leurs problèmes.

L'une de mes amies, qui entre dans cette catégorie, avait été orientée contre son gré vers un CAP après la classe de troisième. Personne ne croyait en elle, et encore moins ses parents, brillants cadres supérieurs. Ses ennuis avaient commencé dès le CP où elle avait du mal à écrire. Elle s'en est souvenue bien plus tard : « Je passais beaucoup de temps sur chaque lettre parce que je la voulais belle, parfaite. Là où les autres avaient écrit deux ou trois mots, j'en étais encore à peaufiner ma première lettre. Je m'en voulais de ma lenteur, mais c'était irrésistible. » Pour tous, elle était une idiote ; en fait, elle était ralentie par ses sensations, par ses émotions. Les élèves se moquaient d'elle – on peut être très méchant à cet âge. Elle-même ne trouvait pas d'intérêt à leurs jeux, ils l'ennuyaient.

Au collège, elle fut étiquetée rebelle. Elle jouait avec les autres élèves, mais elle ne jouait pas de la même manière, elle n'avait pas les mêmes désirs. Au fond, ils ne l'intéressaient pas. Avec ses enseignants, c'était la guerre : elle étouffait sous les protocoles et les règles imposées, elle les agaçait avec ses « pourquoi », avait besoin d'avoir son rythme, son autonomie. Un seul parmi ses enseignants croyait en elle. C'était un professeur d'histoire qui, durant son année de quatrième, lui avait concocté un programme sur mesure, l'amenant à aller fouiner dans les bibliothèques (c'était avant Internet) pour préparer toute seule des dossiers sur des thématiques données et les présenter devant la classe. Elle se lançait à corps perdu dans chaque recherche, obtenait les notes maximales, mais ses résultats dans les autres matières restaient désespérants. Elle était de plus en plus angoissée de se sentir différente, anormale. En porte-à-faux.

Aujourd'hui, grâce à des chercheurs et à des praticiens comme la Française Jeanne Siaud-Facchin, on en sait plus sur cette intelligence atypique et sur ce mode de pensée singulier, appelé

« en arborescence » par opposition au mode de pensée linéaire avec sa logique plus claire, plus normative, plus évidente.

Pour résoudre un problème, la pensée en arborescence emprunte des chemins différents de la ligne droite, court-circuitant les étapes du raisonnement pour aller dans tous les sens et privilégier les intuitions et les fulgurances. À l'école, les élèves qui portent ce mode de pensée ont du mal à suivre le raisonnement que balise l'enseignant et qui convient aux autres élèves : pour eux, il est trop long, trop compliqué. Ils parviendront au résultat si on les laisse faire avec leur ressenti très vif, leur intelligence en réseau plus complexe qui invente de nouvelles directions. La complexité ne leur fait d'ailleurs pas peur, au contraire. Encore faut-il savoir les guider pour mieux la gérer. C'est peut-être ce qui explique que certains restent en échec toute leur vie alors que d'autres vont réussir brillamment aussi bien leur parcours scolaire et universitaire que leur carrière professionnelle.

Des écoles spécifiques ont été créées depuis quelques années pour accueillir ces enfants pas comme les autres, qui pensent trop, parlent trop, réagissent trop, qui semblent dissipés alors qu'ils effectuent plusieurs tâches à la fois, dont la curiosité est insatiable et les passions promptes à se déchaîner. Ce n'est pas leur seule intelligence qui est singulière, mais toute leur manière d'être, avec des antennes partout déployées. Ces enfants, plus tard les adultes qu'ils deviendront, cessent d'être une énigme pour les autres et pour eux-mêmes quand on comprend ce qui est au cœur de leur singularité : l'hypersensibilité. Pour eux, son acceptation marque un renversement inouï, la possibilité de repenser la manière de conduire leur vie.

À la fin de mes études, j'ai enseigné quelque temps la philosophie dans un lycée réputé difficile. La plupart de mes élèves portaient un *a priori* sur cette matière qu'ils imaginaient réservée à une élite. En début d'année, ma tâche principale consistait à leur démontrer que ces textes parlaient de la vie et qu'ils n'avaient aucune raison d'être intimidés. Dans chaque classe, j'avais des élèves qui me surprenaient. Ils n'avaient pas plus d'intelligence cognitive que les autres, mais ils entraient dans ces textes avec moins d'inhibitions, plus de curiosité, de capacités d'étonnement. Grâce à leur sensibilité, ils avaient des fulgurances. Ils m'émerveillaient. J'ai compris bien plus tard, au fil de cette enquête, que ces élèves-là étaient tout simplement des hypersensibles aux antennes surdéveloppées et à la pensée en arborescence.

En me souvenant d'eux et de tous ceux que j'ai croisés dans ma vie et qui leur ressemblent, je pense irrésistiblement au mythe grec de Méduse et Persée. Persée, fils de Zeus, reçoit la mission de tuer la gorgone Méduse dont le regard transforme en statue ceux qu'il atteint. À l'inverse de tous les autres, Persée ne va pas prendre Méduse de front : il cherche d'autres chemins, invente d'autres possibles, laisse ses idées surgir et comprend qu'il doit utiliser son bouclier comme miroir à travers lequel la gorgone le regardera sans l'atteindre directement de ses yeux. Il triomphera d'elle.

Toi aussi, tu peux être curieux, tu peux explorer le monde, poser des questions puisque telle est ta force. Prends les chemins de traverse qui sont souvent les plus rapides. Reste ouvert à tout ce qui pourra t'advenir par effraction, c'est ainsi que tu scelleras la paix avec ce que tu es. Tu as de la chance ! N'oublie pas que les grands découvreurs sont, eux aussi, des hypersensibles. C'est ce qui leur a permis de sortir des chemins tracés d'avance, d'oser transgresser les règles données, d'explorer, d'entrer en rapport avec ce qu'il se passe, avec ce qui est, et de voir ce que personne n'avait vu pour laisser advenir un savoir surprenant.

Tu es libre, vas-y !

CE QU'IL FAUT RETENIR

• Un surdoué n'est pas doté d'une intelligence supérieure quantifiable, mais d'une multiplicité d'intelligences qui fonctionnent en réseau et sont réveillées par son hyperattention, son hypersensibilité au monde qui l'entoure.

• Il a la faculté de ne pas être inhibé par les conformismes qui limitent la pensée en la faisant entrer dans des schémas qui sont autant de carcans. Il est ainsi libre de mettre en rapport des éléments que rien ne rattache entre eux de prime abord, ce qui explique ses fulgurances, ses intuitions.

• Parce qu'il est hypersensible et sait donc inventer d'autres chemins, la complexité ne l'effraie pas.

• Curieux, le surdoué s'intéresse à tout, y compris à ce qui peut sembler rebutant. Du fait de son intérêt pour ce sujet, comme pour tous les sujets, il réussit à comprendre.

• Il est temps de créer un monde au sein duquel toutes les formes d'intelligence seraient enfin reconnues.

EXERCICE

La clé de l'intelligence est la capacité de se désinhiber.

Nous avons tous des blocages : pour les uns c'est l'informatique, pour d'autres la philosophie ou les mathématiques. On les aborde en se disant : « Ce n'est pas pour moi. » Étrange constat : d'où tire-t-il sa source ?

C'est pour toi si tu ne t'impatientes pas.

Chaque matière, chaque dossier, chaque sujet peut être abordé de manière positive, ludique, hypersensible. Sans préjugés et surtout sans la peur d'échouer qui mène à l'échec.

Amuse-toi sans te soucier de réussir ou non.

Tu auras dépassé tes inhibitions et c'est le plus important.

16

FRONTALIER

*Les hypersensibles vont aux frontières
de ce qui est connu et en rapportent leur savoir*

J'ai longtemps cru à la légende du monde mort et au triomphe de la raison, longtemps pensé que les mythes n'étaient que des affabulations. Je suis comme tout le monde et cette idéologie nous est inculquée depuis notre prime enfance : l'eau est une réserve d'énergie, les vaches sont une réserve de calories, les arbres des ornements ou, au mieux, une réserve d'oxygène assurant notre survie. Mes grands-parents, qui vivaient à la campagne, m'ont éduqué dans le respect de ces réserves : on ne coupait pas les arbres, on aimait les animaux, on ne maltraitait pas les sols. Mais ce monde était tout de même mort parce qu'il n'avait pas d'âme.

J'étais un jeune adulte et un lecteur compulsif quand j'ai découvert les premiers ouvrages de Philippe Descola, un anthropologue qui s'est installé, à la fin des années 1970, auprès des Jivaros Achuar, à la frontière entre l'Équateur et le Pérou. Descola s'est particulièrement intéressé aux relations qu'entretiennent les Achuar avec leur environnement. Pour mieux comprendre, il est remonté à leurs mythes fondateurs.

À l'origine, racontent ces mythes, tout ce qui existe sur terre avait une apparence humaine. Puis, pour diverses raisons, certains êtres se sont transformés, prenant une forme animale ou végétale tout en conservant la même âme humaine et la même organisation sociale. Pour cette raison, les Achuar considèrent qu'il règne une parfaite égalité entre eux et tout ce qui existe autour d'eux, des grands animaux jusqu'aux plus petits brins d'herbe. Leur âme est de la même nature.

Leur vision du monde est donc viscéralement non dualiste. Elle ne sépare pas humains et non-humains, nature et culture, ni même, souligne Descola, corps et esprit. Considérant que tout peut communiquer avec tout, les Achuar sont naturellement reliés de manière très fine avec ce qui les entoure. D'une manière hypersensible : ils savent détecter les liens invisibles mais réels entre les éléments, parler à ces éléments et entendre ce qu'ils disent, habiter le monde avec leur instinct comme un animal, porter sur toute situation un regard à 360°, c'est-à-dire ouvert, libre, flexible, mouvant, innovant.

Ils sont des frontaliers, évoluant à la jonction des différents savoirs et s'en nourrissant. Ils savent encore s'étonner, s'inquiéter, écouter ce que leur disent leurs sensations, même quand elles semblent étranges. Ils peuvent comprendre sans passer par la raison, par la grâce d'une fulgurance nourrie par les sens. Ils sont en rapport avec le non-humain, avec un monde de magie que l'on dit puéril, naïf, et qui est en fait notre état naturel. Ils ont cultivé leur hypersensibilité, elle aussi un état naturel, et c'est elle seule qui leur permet de survivre dans des conditions hostiles. Ils sont en rapport avec un monde vivant qu'ils savent incertain, donc inabordable avec nos catégories, nos schémas, notre rationalité bornée.

Les frontières que nos sociétés érigent pour créer des cases, des normes, sont certes rassurantes, mais elles nous coupent de la vie, elles nous privent d'informations précieuses et nous interdisent d'habiter la réalité. Le primat du cognitif, de la raison, laisse à la traîne deux autres dimensions qui nous sont pourtant intrinsèques : l'affectif et le sensible.

Nous le savons au fond de nous. Nous sommes fascinés par les peuples, par les figures qui osent abattre les murs artificiels que nous dressons entre les émotions, les plantes, la raison, les animaux, la science, les sens, les perceptions. Nous restons en quête d'un état d'harmonie originel dont le manque est source de souffrances. Le succès international du magicien Harry Potter, l'une des séries les plus vendues de l'histoire de la littérature, ne s'explique pas autrement : voilà un frontalier, forcément hypersensible, qui traverse les murs pour nous rappeler l'existence d'une magie ordinaire, d'un savoir indicible, incompréhensible, procurant une force inouïe à ceux qui renouent avec elle. Ses pouvoirs le rendent invincible. Ils surgissent tous de la puissance de son hypersensibilité.

Au cœur de chacun d'entre nous, il y a cette même aspiration première à abattre les murs pour habiter autrement le monde en étant à la fois dans le rationnel et l'émotif, dans l'intellectuel et le sensible. À renouer avec la poétique du monde que narrent les contes et les mythologies de toutes les traditions, proches et lointaines.

J'étais enfant quand ma grand-mère m'a initié à la merveilleuse légende de la première hirondelle qui, alors qu'elle venait de prendre son envol, fut rattrapée par un dragon de verre, invisible à l'œil nu. Astucieuse et véloce, elle réussit à lui échapper, mais l'une des plumes de sa queue resta prisonnière du dragon. Depuis, m'expliqua ma grand-mère, on reconnaît les hirondelles à la plume qui manque au milieu de leur queue.

Je m'amusais à reconnaître les hirondelles parmi tous les autres oiseaux. Sans m'en douter, je développais ainsi une autre forme d'attention qui me réconciliait avec mon hypersensibilité, me mettait en rapport avec un monde plus grand, plus intéressant, plus vivant, un monde qui méritait d'être senti, exploré, écouté. Un monde qui avait une âme et devenait, de ce fait, enfin habitable pour moi.

Frontalier

Aujourd'hui, je ne crois plus qu'il existe des dragons de verre, mais l'enfant en moi, le poète en moi, continue de se réjouir de cette histoire. Je ne regarde pas les hirondelles seulement comme des oiseaux issus du processus rationnel de l'évolution : je me sens un lien affectif, une complicité avec elles, j'ai l'impression de les comprendre et de me sentir plus humain en autorisant ma sensibilité à s'ouvrir.

À travers les hirondelles, à travers les récits d'Homère, à travers les mythes amérindiens ou grecs, j'ai pris conscience de la poétique du monde. Certes, ces histoires ne sont pas « vraies », mais elles disent une vérité profonde. Grâce à elles, j'ai compris que je ne suis pas restreint à être un consommateur producteur, mais que j'ai le droit de « sentir » un arbre, une fleur, la mer, sans sacrifier l'exigence légitime de rationalité. Je me suis autorisé à faire l'expérience du monde pour le rendre vivant. Je suis sorti avec soulagement du dessèchement de la légende du monde mort et je suis devenu frontalier.

L'hypersensibilité est l'intuition fondamentale de l'existence de liens entre nous et ce qui nous entoure, des liens qui n'entrent dans aucun schéma et sur lesquels il est difficile de mettre des mots, mais qui n'en sont pas moins réels.

Les poètes, certains peuples, les gens en marge sont des frontaliers. Ils nous apprennent à faire plus attention, à aimer le monde. Prends exemple sur eux, autorise-toi l'émerveillement libérateur. Le monde est enchanté, mais c'est à toi de le réenchanter tous les jours, à chaque moment. C'est ainsi que tu sortiras de l'enfermement. Tu as reçu le don de l'hypersensibilité. Tu en es responsable, ne le néglige pas.

CE QU'IL FAUT RETENIR

• L'hypersensibilité est un don qui nous emmène aux frontières de ce qui est connu, habituel. Les artistes, les poètes, les peuples premiers nous ont appris que c'est là que l'on touche à des vérités très profondes, des vérités existentielles.

• Avoir la chance d'être frontalier, c'est pouvoir aller explorer l'inconnu pour en rapporter de précieux savoirs.

• Une frontière, c'est là où se renoue le lien entre des domaines, des mondes, des sujets artificiellement séparés, mais qui, dans la réalité, n'ont jamais cessé d'être en connexion.

EXERCICE

Tu es bloqué sur un dossier et tu ne parviens pas à t'en sortir, tu parles à une personne que tu aimes, mais tu ne sais pas comment le lui dire.

Prends appui sur le pouvoir de ta curiosité et de ton imagination.

Sors du registre ordinaire du connu et ose laisser venir des images, des métaphores, des connexions même si elles te semblent étranges, inhabituelles.

Peu importe si elles sont justes ou non, autorise-les à être et explore-les.

C'est là que résident tes ressources de frontalier.

17

NORMALITÉ

*Les mesures statistiques n'existent pas
dans la réalité*

Depuis ma plus tendre enfance, ma passion était le dessin. Pour faire plaisir à l'adolescent étrange que j'étais devenu, mes parents avaient accepté de m'inscrire au cours d'un atelier de peinture près de la maison. J'avais tout juste quatorze ans, le cours était réservé aux adultes, j'ignore quels arguments mon père avait avancés, il avait réussi à ce que je sois accepté. Il faut dire que mon enthousiasme était contagieux.

L'atelier était vaste, il accueillait une quinzaine d'élèves parmi lesquels une jeune femme atteinte de trisomie 21. Jeannette restait dans son coin et coloriait avec des feutres très fins une figure que le professeur avait hâtivement tracée sur une feuille de papier. Il lui fallait plusieurs séances pour terminer un coloriage. Le professeur la félicitait puis lui traçait une autre figure sur une autre feuille. Elle semblait satisfaite, mais j'étais triste pour elle, gêné de la voir isolée et absorbée par une tâche aussi peu gratifiante.

Au fil des cours, cette situation m'était devenue insupportable. Je ne dessinais plus, je la regardais, le cœur serré. J'avais fini par demander l'autorisation de m'occuper d'elle et, jusqu'à la fin de l'année, je lui avais consacré une partie de mon temps. Je ne me doutais pas que j'entamais une aventure extraordinaire qui s'est prolongée plusieurs années et a transformé ma vision de l'existence.

Je lui avais proposé de dessiner plutôt que de se contenter de colorier. Ses premiers essais devant une feuille blanche avaient été timides puis, au fil des séances, elle s'accordait confiance. Je voyais sa main qui partait sur la feuille comme un bateau qui prend le large. Elle dessinait avec une liberté, une intensité que je n'avais jamais rencontrée. Elle avait dépassé toutes les normes pour revenir aux sources de l'art, de la vie. Elle était beaucoup plus libre que nous tous.

Jeannette était talentueuse. Elle était surtout plus en rapport avec la vérité de l'art que bien des artistes professionnels. Elle ne reproduisait rien, elle exprimait à sa manière ce qu'elle voyait, ce qu'elle ressentait. En la regardant, je réalisais combien j'étais moi-même prisonnier des normes qui me coupaient de la source vive de la créativité. Elle inventait, sans se soucier de savoir si elle produisait une œuvre d'art. Et j'apprenais. Ses œuvres

Normalité

étaient géniales parce qu'elle était libre des carcans. Je la guidais en lui montrant qu'elle pouvait explorer de nouvelles textures, de nouveaux formats, puis je la laissais s'écouter, dessiner, peindre. Se réaliser.

Jeannette m'enchantait. Par la suite, je l'ai aidée à exposer ses œuvres, à les mettre en valeur. Je ne savais pas comment la remercier pour cette belle leçon de vie qu'elle m'a donnée. Je rends grâce à mon hypersensibilité sans laquelle je n'aurais sans doute jamais éprouvé suffisamment d'empathie pour cette jeune femme qui, dans le vaste atelier, coloriait toute seule dans son coin pendant que nous apprenions à peindre et à dessiner. J'ai tant reçu d'elle...

Quand je repense à Jeannette, une belle phrase de l'écrivain portugais Fernando Pessoa me revient : « Il n'y a pas de normes, tous les hommes sont des exceptions à une règle qui n'existe pas. »

Qui est « normal » ? Personne. Nous avons érigé la norme en dogme, en détournant le sens authentique de ce mot. Norme vient du latin *norma*, qui désigne une règle ou une équerre, un instrument donnant des points de repère pour construire un mur droit, donc ju ~lide. Nous avons curieusement transforn un ensemble de conventions qui s'appliquer à la majorité, mais qu fait sur aucune vérité rationnelle humain « droit », le seul qui sera

Les hypersensibles, les femmes, les timides, les Noirs, les Blancs sont-ils « droits » ou « penchés » ? Cela n'a évidemment aucun sens !

Aujourd'hui tout devient normé : nos choix, nos sensations, notre apparence, notre taille, notre poids, notre cursus, l'âge auquel un enfant doit apprendre à parler ou à lire, jusqu'à la fréquence de nos rapports sexuels. Exponentielle, la norme est la nouvelle mesure de toute réalité. Elle nous écrase dans notre individualité et notre singularité, et son poids est d'autant plus lourd que, malgré tous nos efforts de normativité, nous ne correspondons jamais en tout point à la norme.

La norme a cessé d'être raisonnable et crée beaucoup de souffrances. Chacun se sent anormal pour une raison ou une autre et, effectivement, chacun l'est puisque la normalité est une fiction. Heureusement d'ailleurs que nous sommes « anormaux » : je ne t'aime pas parce que tu es normal, mais parce que tu es singulier...

La confusion qui s'est opérée est dévastatrice. Il ne s'agit pas de dénier la norme, elle a une légitimité, mais à un endroit donné : pour bâtir un mur qui tiendra, construire une machine qui ne rendra pas l'âme dans l'année, un jouet qui ne sera pas dangereux.

Avec la normalité, une autre notion s'est imposée : celle de moyenne. La moyenne, dit-on, reflète la norme. Elle est le lieu où tout le monde est supposé se retrouver, sauf les « anormaux ». C'est en

Normalité

tout cas ce que l'on nous a toujours expliqué, et que j'étais tout à fait disposé à croire jusqu'à ce que je tombe par hasard sur cette anecdote véridique.

Elle se déroule dans les années 1950 quand sont produits les premiers avions à réaction, plus rapides, mais plus complexes à piloter que les avions de la génération précédente. Les forces de l'air américaines sont alors confrontées à une recrudescence d'accidents : pour une raison inconnue, les pilotes perdent le contrôle de leurs appareils au moment d'effectuer certaines figures. Après avoir éliminé plusieurs causes techniques et humaines possibles, il apparaît que les cockpits, conçus dans les années 1920, ne sont plus adaptés à la taille et à la corpulence des jeunes pilotes qui ont gagné en centimètres et en kilos. Pour trouver la norme statistique du cockpit parfait, des centaines de pilotes sont mesurés : leur taille, celle de leur cou, de leurs cuisses, de leurs poignets. Par les calculs, des dimensions moyennes sont obtenues. Mais dans la réalité, on s'aperçoit que ces normes nouvelles ne correspondent en fait qu'aux mensurations de 3 % des pilotes – tous les autres étant « hors normes », puisque mesurant plus ou moins que la norme. Ce problème a été réglé par l'invention des sièges modulables. Mais il n'a pas eu raison de notre appétence pour des normes et des moyennes qui, en réalité, ne correspondent à presque personne.

De plus la moyenne est une mesure statistique, non une règle scientifique. Or, on confond à dessein les deux, ce qui entraîne un grand nombre de confusions, de manipulations et de souffrances profondes.

Le philosophe et résistant français Georges Canguilhem nous a légué un ouvrage majeur, *Le Normal et le Pathologique*. Canguilhem a essentiellement consacré sa réflexion à l'histoire et à l'épistémologie des sciences et de la médecine. C'est par ce biais qu'il aborde son sujet. Il y remet en question ces deux catégories : le vivant, dit-il, est bien trop vaste, bien trop complexe pour être réduit à deux cases, deux catégories, à des mesures physico-chimiques normées. La norme est sans doute nécessaire à la science, mais le problème est qu'elle a débordé de ce champ pour tout conquérir.

Canguihem donne l'exemple d'un individu dont l'examen de sang révèle certains indicateurs hors normes – inférieurs ou supérieurs à la moyenne. Cet individu-là n'est pas forcément malade, il n'est pas « pathologique », il peut même être en très bonne santé, « normal » ! « C'est toujours à l'individu qu'il faut se référer », insiste-t-il. Et celui-ci est malade, donc « anormal », quand il a une incapacité d'être normatif, c'est-à-dire de mener une vie « normale » en société.

Son ouvrage est devenu une référence, y compris dans le domaine de la psychiatrie où s'applique la théorie de la « pathologie globale » : la norme est une possibilité de référence, mais, par définition, « il ne s'agit que d'une possibilité » incluant « la latitude d'une autre possibilité ».

Normalité

Nous nous sentons tous, quelque part, anormaux. « Je ne suis pas normal » est une phrase que j'entends très souvent quand je parle de cœur à cœur avec des personnes qui n'ont pourtant rien d'anormal. Elles ont, comme tout le monde, leurs particularités : elles ne sont pas en couple, elles ont des liens distendus avec leur famille, elles apprécient la solitude, elles préfèrent la ville à la campagne, elles sont hypersensibles... Elles ne sont pas dans la norme que nous projettent les médias et les réseaux sociaux. Elles sont comme moi qui, certains jours, me prends encore à m'en vouloir de mon étrangeté. Le problème n'est pas que nous nous distancions de la norme, que nous ne correspondions pas à une moyenne fictive. Le problème est que nous nous en sentons coupables. La norme est devenue une folie...

L'hypersensible en est particulièrement victime. Il se sent anormal alors qu'il est tout simplement un autre normal – nous sommes tous, chacun à notre manière, des « autres normaux ». Il est, en réalité, prisonnier d'un mensonge social.

Détache-toi de cette tyrannie, largue les amarres et autorise-toi à inventer ta vie. Reste un humain dans un monde déshumanisé par la norme, où tout doit être lisse, où il faut couper tout ce qui dépasse. Et où l'on finit par tous se sentir bizarres.

Tu es différent ? Tant mieux, parce que c'est là que réside ton humanité. Ta différence est un cadeau de la vie. Ta seule mission est de veiller à ta singularité. C'est elle qui sauvera le monde de la grisaille...

> **CE QU'IL FAUT RETENIR**
>
>
>
> • Personne n'est « normal ». Il existe une norme pour construire un mur droit, mais il n'y a pas de norme pour définir la normalité d'un être humain.
>
> • Nous sommes prisonniers de ce concept écrasant qui se pare des habits de la rationalité alors qu'il n'est en rien rationnel. C'est lui qui nous interdit de nous foutre la paix.
>
> • Les moyennes ne sont que des chiffres fictifs. Personne ne correspond à la moyenne.
>
> • Je ne t'aime pas parce que tu es « normal », mais parce que tu es singulier.

EXERCICE

Prends le temps de sentir à quel point tu as intégré le poison de la « normalité ».

Tu vas commencer à t'en libérer.

Tu as réussi à croire que sur un certain nombre de points, tu ne corresponds pas à la norme.

Note-les, l'un après l'autre.

Relis ta liste ; tu commences déjà à te désempoisonner.

18

PROUST

Pour vivre pleinement une vie fantastique, orgasmique, il suffit de faire attention

S'il me fallait donner une description succincte mais complète de l'hypersensibilité, je me limiterais à ce bref passage tiré du *Billet à Angèle* d'André Gide. Gide narre sa rencontre avec Mme B. qui lui explique avoir porté des lunettes à l'âge de douze ans. « Je me souviens si bien de ma joie lorsque pour la première fois, je distinguai tous les petits cailloux de la cour », lui dit-elle. Et Gide commente ainsi ce propos : « Lorsque nous lisons Proust, nous commençons de percevoir brusquement du détail où ne nous apparaissait jusqu'alors qu'une masse. C'est, me diriez-vous, ce qu'on appelle un analyste. Non, l'analyste sépare avec effort, il explique, il s'applique. Proust sent ainsi tout naturellement. Proust, c'est quelqu'un dont le regard est infiniment plus subtil et plus attentif que le nôtre et qui nous prête ce regard tout le temps que nous le lisons. »

Suis-je hypersensible ?

La vie, l'œuvre hors normes de Marcel Proust sont autant de manuels de savoir-vivre l'hypersensibilité. Il porte en permanence les fameuses lunettes de Mme B. qui lui donnent la capacité de voir ce que nous ne savons pas voir pour nous ouvrir à un monde extraordinaire : la réalité avec « tous les petits cailloux ».

Hypersensible, Proust l'est de manière extrême, même physiquement. Il a exploité cette qualité, la transformant en force et produisant, grâce à elle, les pages les plus essentielles de la littérature française et vivant une des existences les plus fantastiques qui soient. Ainsi, il ne peut pas s'approcher des fleurs qui lui déclenchent des crises d'asthme. Il s'abrite derrière les vitres fermées d'une voiture pour observer de près les aubépines de la vallée de Chevreuse auxquelles il consacre la plus émouvante et la plus délicate des descriptions. Sans doute que s'il avait pu, comme tout le monde, se saisir d'un bouquet, le poser devant lui sur son bureau, l'admirer de près, le toucher, le caresser, il n'aurait pas été jusqu'au bout de sa sensibilité pour le raconter.

Sa correspondance nous permet de découvrir la vie d'un hypersensible qui a su faire de sa singularité un chemin de vie. Elle regorge de perles bouleversantes d'humanité. Elle fait partie de mes livres de chevet, ceux que l'on ouvre au hasard d'une page et dont, avant de dormir, on prend le temps de se délecter. Cette lecture m'est vitale :

elle me guérit, renouvelle la paix que j'ai nouée avec mon hypersensibilité.

Quelques lignes racontent le décès de la mère de Céleste Albaret, sa gouvernante. Il ne la connaissait pas, pourtant il fond en larmes comme s'il avait perdu un être cher. Il n'a pas honte d'exprimer son chagrin, de déployer son empathie extrême. Céleste Albaret en est elle-même surprise. À son retour de voyage, Proust lui prend la main et lui dit : « Je ne vous ai jamais quittée de ma pensée. » Elle sent au plus profond de son être que c'est vrai. Et quand, plus de trente ans plus tard, on la questionne sur cet événement, elle en est encore tout émue.

À son ami, le poète Fernand Gregh, dont le dernier recueil a été accueilli par une critique au vitriol, il écrit : « Ce serait plus de tact de ne pas t'en parler, et à vrai dire ce serait plus de sagesse tant la chose a, à tous points de vue, peu d'importance. Mais je sais quelle nervosité délicate est chez toi l'enveloppe harmonique de ta sensibilité, de ton imagination et de ton cœur, et j'ai peur que ces choses absurdes ne t'aient ennuyé, et je me suis dit que peut-être la pensée affectueuse de quelqu'un qui en a été irrité, qui en a compris l'insignifiance absolue, te serait d'un bon réconfort. » Ces quelques lignes pourraient à elles seules résumer la délicatesse du personnage, en hyperempathie avec les autres, quels qu'ils soient.

Suis-je hypersensible ?

Bouleversant Marcel Proust qui, apprenant que l'écrivain Louis Gautier-Vignal a déposé Paul Morand devant sa porte et n'est pas entré avec lui, se pose toutes les questions qui traversent dans ce cas l'esprit d'un hypersensible. Il en déduit que Gautier-Vignal a été blessé parce qu'il n'a pas répondu à ses deux dernières lettres et, en dépit de l'heure tardive, il se précipite chez lui pour lui présenter ses excuses. Gautier-Vignal, qui voulait seulement ne pas déranger Marcel Proust, écrira au sujet de cet épisode : « Il venait me dire que malgré son silence, son amitié pour moi demeurait la même [...] et il voulait juste savoir si j'étais rassuré. »

Et si les hypersensibles étaient les meilleurs amis du monde, les seuls à être assez délicats, assez soucieux de l'autre ?

Comme la majorité des hypersensibles qui reconnaissent leur spécificité, Proust a des antennes largement déployées. Le peintre Jacques Blanche s'en étonne : « Nul moyen de feindre avec Proust, son projecteur électrique vous filait jusqu'au cœur, vous étiez photographié aux rayons X par ce déconcertant psychologue. » Paul Morand en est, lui aussi, stupéfait : « Il ne servait à rien avec lui de dissimuler. Une pensée émergeait-elle à la surface de votre conscience, au même moment, Proust marquait par un léger choc qu'il en avait reçu communication en même temps que vous-même », écrit-il en traçant le portrait-type de l'hypersensible.

De ma proximité avec Proust, j'ai tiré quatre leçons.

Leçon n° 1 : l'hypersensibilité est un formidable levier pour nous tirer de la grisaille et de l'ennui.
Maurice Duplay, qui a consacré un ouvrage à son ami Marcel Proust, raconte que lorsque ce dernier n'arrive pas à s'endormir, il lit l'Indicateur des chemins de fer. À l'énoncé de chaque nom de gare, il s'imagine descendre du train pour découvrir le bourg, la ville qui se dissimule derrière ce nom. Il voyage tout seul du fond de son lit, s'enthousiasme, s'émeut, se ravit, rêve. Au point, comme il l'écrit dans *Contre Sainte-Beuve*, que ces noms ont « pour lui un tout autre prix que de beaux livres de philosophie, et font dire aux gens de goût que pour un homme de talent il a des goûts très bêtes ».

Les sens en éveil sont une baguette magique qui rend palpitant l'événement le plus banal. Une insomnie, par exemple. En 1912, Proust est encore à la recherche d'un éditeur pour un roman de 700 pages qui deviendra la matrice d'*À la recherche du temps perdu*. Il essuie plusieurs refus, dont celui de Gide, éditeur chez Gallimard, qui en parlera comme de « l'un des regrets, des remords les plus cuisants de [sa] vie ». Et puis celui d'Alfred Humblot, de la maison Ollendorff, qui dira à l'un de ses amis : « Je suis peut-être bouché à l'émeri, mais je ne puis comprendre qu'un monsieur puisse employer trente pages à décrire comment il se tourne et se retourne dans son lit avant de trouver le sommeil. »

Mais justement, rendre passionnant le moindre événement, la moindre rencontre, c'est être pleinement vivant. Et, grâce à son hypersensibilité, Proust voit la vie en couleurs. Interrogé par un journaliste sur ce qu'il ferait en apprenant que la fin du monde approche, il répond de manière surprenante : « Je crois que la vie nous paraîtrait brusquement délicieuse […]. Si le cataclysme n'a pas lieu […] nous nous trouvons replacés au sein de la vie normale où la négligence émousse le désir. Et pourtant, nous n'aurions pas dû avoir besoin du cataclysme pour aimer aujourd'hui la vie. Il aurait suffi de penser que nous sommes des humains et que ce soir peut venir la mort. »

Cette remarque est très profonde. Nous vivons à moitié, parce que notre sensibilité est tout émoussée. L'hypersensibilité est un prodige, car elle seule a le pouvoir de nous ouvrir à un monde merveilleux et infini.

Leçon n° 2 : l'hypersensibilité est notre génie.
Enfant, Proust rêve d'écrire « un grand livre », mais attend d'avoir « une grande idée » à communiquer au monde. Il se torture en vain pour trouver cette idée et ne croise sur son chemin que des

expériences banales qui le bouleversent, mais dont il estime qu'elles sont dénuées de toute valeur intellectuelle : un rayon de soleil sur un banc, le parfum d'un chemin rustique. Un jour, il comprend que ces expériences sont la vie. Et il commence à écrire. « Mon livre, dit-il alors au journaliste Élie Joseph Bois, n'a aucun degré de raisonnement, ses moindres éléments m'ont été fournis par ma sensibilité, je les ai d'abord aperçus au fond de moi-même, sans les comprendre, ayant autant de peine à les convertir en quelque chose d'intelligible que s'ils avaient été aussi étrangers au monde de l'intelligence que, comment dire, un motif musical. » J'ai appris de Proust que le génie a une source : l'exploration de ce que l'on ressent au fond de soi, de sa singularité. C'est une extase de la perception, donnée à tous, mais qui demande du temps, de la patience et beaucoup de sensibilité pour être pleinement arrosée et enfin éclore.

Contrairement à ce qu'ont cru tant et tant de savants, de philosophes, de professeurs, l'essentiel d'une vie humaine n'est peut-être pas cette intelligence qui analyse, ordonne et classe et qui est la même partout, mais cette sensibilité qui seule nous est propre et qui peut nous faire découvrir les plus hauts sommets.

Leçon n° 3 : apprendre à faire quelque chose de sa souffrance.

Suis-je hypersensible ?

Une règle commune voudrait que face à la souffrance, nous n'ayons que deux choix : s'y enfermer et se laisser engloutir par elle, ou bien la fuir en serrant les dents parce qu'on la considère comme indigne et honteuse. Proust, authentique hypersensible, nous suggère une troisième voie, bien plus aidante que tous les conseils de psychologie que j'ai pu lire : la transformer de manière créatrice. La mort de sa mère, un être auquel il était très attaché, est pour lui une épreuve redoutable. En explorant sa souffrance, il réalise qu'il a le pouvoir d'inaugurer un nouveau rapport, vivant et nourrissant, à cette personne aimée. En traversant l'épreuve, il réapprend à vivre.

Leçon n° 4 : nommer ce qu'on éprouve pour le rendre vivant.

Explorer sa sensibilité ne suffit pas : encore faut-il nommer ce que l'on découvre à travers cette exploration.

Lucien Daudet nous raconte le jour où Proust lui a confié ce secret : alors que « nous sortions d'un concert où nous avions entendu la *Symphonie des Chœurs* de Beethoven, je fredonnai de vagues notes qui, je le croyais, exprimaient l'émotion que je venais d'éprouver, et je m'écriai, avec une emphase dont je ne compris le ridicule qu'après : "C'est splendide, ce passage !" Proust se mit à rire et me dit : "Mais, mon petit Lucien, ce n'est pas votre *poum-poum-poum* qui peut faire admettre cette splendeur ! Il vaudrait mieux essayer de l'expliquer !" Sur le moment, je ne fus pas très content, mais je venais de recevoir une leçon inoubliable ».

Je pense souvent à cette leçon que je tente d'appliquer. J'ai pris l'habitude de garder sur moi un petit carnet dans lequel je consigne des mots. Ses pages noircies seraient incompréhensibles pour quiconque, il n'est d'ailleurs destiné à être lu par personne, mais il m'est nécessaire pour exprimer, explorer ce que je vis, rencontre, écoute. Je suis en colère, je suis émerveillé, je suis angoissé, je suis heureux : je ne me contente pas de ce constat de façade, mais je fais l'effort d'aller plus loin en griffonnant quelques phrases, que j'associe à cette émotion. Elle prend alors corps et cesse d'être une abstraction.

Ici je citerai Proust : « On ne reçoit pas la sagesse, il faut la découvrir soi-même après un trajet que personne ne peut faire pour nous et ne peut nous épargner. »

Ouvre les yeux, déploie tes antennes, regarde : tu as la faculté de voir toutes les couleurs de l'arc-en-ciel là où d'autres ne verraient que l'ennui.

CE QU'IL FAUT RETENIR

- *À la recherche du temps perdu* est un manuel expliquant que l'hypersensibilité est la meilleure manière d'être vivant.

- Proust nous guide dans l'exploration de notre hypersensibilité afin que celle-ci soit une fête : elle nous secoue, nous déplace, nous permet de sentir l'inattendu, d'établir des rapprochements inédits.

- Il nous incite à ne pas nous contenter d'habitudes ternes, de mécanismes fanés, d'opinions fatiguées, afin de transformer la plus simple madeleine en une expérience cosmique, orgasmique.

- L'hypersensible n'a pas besoin d'aller au sommet de l'Himalaya pour vivre les expériences les plus extraordinaires : le moindre événement du quotidien peut être l'occasion d'une métamorphose, d'une aventure.

EXERCICE

Tu es chez toi, désespéré d'être dans ton petit appartement alors que tu as une aspiration à la beauté, à la grandeur.

Proust te propose une issue : imite Chardin, l'un des plus grands peintres du XVIIIe siècle, qui réussissait à transformer un couteau, une assiette et deux pêches en une toile d'exception.

Regarde autour de toi.

Ramasse une branche de lilas, quelques galets, une pomme de pin, mets-les en scène, tu sais le faire grâce à ton attention hypersensible aux choses du quotidien.

Transforme-les en une fête.

Une fleur ramassée au bout du chemin a le pouvoir de te mener à la félicité.

19

SYSTÈME NERVEUX

*L'hypersensibilité est le mode
de fonctionnement cérébral le plus fructueux*

J'ai connu Michel Le Van Quyen il y a plus de trente ans sur… un coussin de méditation, au côté du neuroscientifique Francisco Varela qui avait été notre initiateur. Il était déjà fasciné par les neurosciences et il est devenu chercheur dans ce domaine au Laboratoire d'imagerie médicale de l'Inserm.

L'objet de ses recherches a été bouleversé il y a quelques années par un accident de la vie. Privé de parole à la suite d'un AVC, il avait surmonté son angoisse, légitime, en explorant ce qu'il découvrait faute de pouvoir parler : le silence. L'absence de bruits certes, mais aussi le silence du corps, de l'attention, des pensées.

Depuis, s'il a réappris à parler, Michel Le Van Quyen est devenu hypersensible, essentiellement au bruit. Ce phénomène l'a interrogé. Il ne s'est pas contenté de se poser des questions, il l'a étudié. Dans son laboratoire, il a réorienté ses recherches qui concernent désormais la biologie de l'hypersensibilité, c'est-à-dire ses fondements dans l'organisme et dans le système nerveux[1].

Ce sont des études très complexes et je n'ai pas la prétention d'entrer dans leurs détails. Avec une pédagogie dont je lui suis infiniment reconnaissant, il m'en a expliqué les deux grands principes qui amènent à un même constat : l'hypersensibilité, dont beaucoup cherchent les fondements psychologiques, est en fait un phénomène physiologique, neuronal, sur lequel la psychologie vient ensuite se greffer.

Le premier principe qu'il m'explique fait intervenir le système limbique, dit aussi le cerveau émotionnel, qui est régi à partir de zones bien identifiées du cerveau. Ce système fonctionne par automatismes, c'est-à-dire sans intervention de la réflexion. Il gère un certain nombre de fonctions vitales comme la respiration, la digestion, les battements du cœur ou encore la tension des muscles : je respire, je digère et mon cœur bat sans que j'aie besoin de leur en donner un ordre conscient.

Ce cerveau émotionnel est en relation avec notre organisme par l'intermédiaire de deux systèmes nerveux parallèles : le système sympathique et le système parasympathique. Ils fonctionnent

---

1. Il a notamment publié *Cerveau et Silence, les clés de la créativité et de la sérénité*, Flammarion, 2019.

Système nerveux

tous les deux en alternance, c'est-à-dire que quand l'un se réveille, le second s'endort. Pour réveiller l'un ou l'autre de ces systèmes, le cerveau émotionnel produit des hormones, chaque famille agissant sur l'un des systèmes pour l'activer – le second se met aussitôt au repos.

Prenons un exemple simple. Je suis chez moi et quelqu'un sonne à la porte. Mon cerveau émotionnel réagit immédiatement. Il peut y avoir un danger potentiel : il va sécréter une hormone dite du stress, tel le cortisol, pour réveiller le système nerveux sympathique. Celui-ci est une sorte d'accélérateur physiologique qui va préparer mon organisme à affronter le danger, s'il y en a un. Ma respiration s'accélère, même imperceptiblement, pour bien oxygéner mes organes, mon cœur bat plus vite, mes muscles se mettent en tension.

J'ouvre la porte : c'est le livreur de la pizza que j'avais commandée. Et elle sent très bon. Mon cerveau émotionnel réagit à nouveau, cette fois en sécrétant des hormones dites du plaisir comme les endorphines. Elles réveillent le système nerveux parasympathique qui calme l'organisme, le ralentit, l'aide à se régénérer après le microstress qu'il vient de traverser. Le système sympathique d'accélération, lui, se met en veille. Ma respiration s'apaise, mon cœur bat moins fort, mes muscles se décontractent.

Le cerveau cognitif, lui, n'intervient que dans un deuxième temps : le stimulus, par exemple le bruit à la porte, donnera lieu à des interprétations plus élaborées, fera surgir des pensées, des souvenirs qui, à leur tour, agissent sur le cerveau émotionnel, l'amenant à sécréter encore plus ou encore moins d'hormones du stress ou du bonheur. Ma peur va entraîner la sécrétion d'encore plus d'hormones du stress ; mon soulagement à la vue de la pizza va entraîner un shoot encore plus important d'hormones du bonheur. La réaction du cerveau cognitif intervient donc après celle du cerveau émotionnel, mais le temps ici se calcule en secondes ou en fractions de seconde : dans le vécu, ces deux étapes sont difficilement dissociables.

Comme nous le savons d'expérience, nous ne sommes pas tous égaux face aux stimulations. La sonnerie de la porte, mais cela peut-être aussi la remarque désobligeante que l'on m'a faite en réunion ou bien l'accident auquel je viens d'assister, ont déclenché chez moi une réaction plus vive que la moyenne : j'ai sursauté, j'ai ruminé, j'ai été touché. Mon compagnon, mon collègue, mon ami, ne réagiront pas de manière aussi excessive : ils ouvriront la porte sans se poser de questions, n'auront porté aucune attention à la remarque désobligeante et seront restés de marbre en assistant à l'accident. Ils n'ont pas acquis une plus grande sagesse que moi, sourit Michel Le Van Quyen. Leur réaction est inscrite dans leur fonctionnement neuronal. Chez certains, une stimulation très faible suffit à constituer une alerte face au danger, donc à entraîner la sécrétion d'hormones du stress qui réveillent le système sympathique. Ces personnes sont dites hypersensibles. Chez d'autres, le cerveau émotionnel est moins réactif. On est rarement hypersensible à tout, ajoute-t-il. Certains le sont au bruit, d'autres aux odeurs, d'autres encore aux émotions.

Il relève par ailleurs que le cerveau émotionnel ne réagit pas seulement aux stimuli externes. Nos « états d'âme », qu'ils soient ou non induits par le cerveau cognitif, agissent eux aussi sur le cerveau émotionnel. Ainsi, les ruminations, les pensées noires entraînent une sécrétion d'hormones du stress, tandis que les pensées positives, la joie entraînent, au contraire, la sécrétion d'hormones du bonheur.

Le second grand principe sur lequel Michel Le Van Quyen conduit ses recherches concerne les trois grands réseaux de fonctionnement du cerveau. Nous possédons tous ces trois réseaux mais, en fonction du vécu, des apprentissages, peut-être des gènes, ils sont plus ou moins dominants, plus ou moins stables dans le temps.

Le premier réseau est le système exécutif, celui de la rationalité. Situé dans l'aire préfrontale du cerveau, c'est une sorte de filtre qui fait barrage aux stimuli pour nous permettre de nous concentrer sur une tâche. Grâce à lui, nous pouvons travailler dans un open space ou suivre une conversation dans un café, des lieux où nous recevons pourtant diverses sollicitations et stimulations. Il est possible, me dit le chercheur, qu'il soit moins efficient chez les hypersensibles dont les antennes sont largement déployées et qui reçoivent en permanence trop d'informations.

Le deuxième réseau, qu'il appelle le « mode par défaut », est physiquement réparti entre différentes aires du cortex. C'est le système de l'intériorité. Quand il prend le dessus, nous sommes dans un état de rêverie, d'esprit vagabond, d'introspection. Ces moments de déconnexion de la rationalité sont favorables à la mémorisation, à la construction du moi, ils sont aussi propices à la créativité, à la découverte de solutions inattendues, à l'intuition. Certes, quand ce système domine, la rêverie peut devenir ruminations et ressassements. Néanmoins, insiste Michel Le Van Quyen, ce réseau est très fécond. Il est à l'origine de la plupart des grandes découvertes de la science, des chefs-d'œuvre de l'art et de la littérature, des petites et grandes inventions. Il mérite d'être « entraîné », cultivé par la méditation, par des promenades dans la nature.

Enfin, un troisième système, le réseau de la salience, situé dans la zone cérébrale de l'insula, tient le rôle d'arbitre. C'est lui qui nous fait prendre conscience que nous sommes depuis trop longtemps en « mode vagabondage » et qu'il est

Système nerveux

temps de réactiver notre système exécutif pour nous concentrer sur la tâche en cours.

L'hypersensible s'en veut d'être plus volontiers porté sur le « mode par défaut », de ressentir des émotions, d'être traversé par des pensées qui vont dans tous les sens. L'injonction de se calmer l'amène à vouloir forcer son système exécutif afin qu'il tienne plus rigoureusement son rôle de filtre. Grave erreur, me dit Michel Le Van Quyen. Cette démarche est vaine, et elle finit par rendre fou.

La seule technique dont dispose l'hypersensible pour s'apaiser n'est pas de chercher à encore plus contrôler, mais de s'autoriser à relâcher le contrôle. C'est la technique fructueuse à laquelle ont recours les chercheurs, les inventeurs, les écrivains : ils savent qu'un problème compliqué ne se résout pas en l'abordant frontalement, mais en autorisant l'esprit à prendre des détours, à rêvasser. Jusqu'à l'eurêka qui apparaît subitement, sans que l'on sache comment ni d'où il est venu.

Depuis l'école, je m'en voulais d'être « dans la lune ». Ces découvertes m'ont transformé : j'ai compris que, comme tous les hypersensibles, je détiens le pouvoir de la rêverie. Elle nous permet d'emprunter des chemins que personne n'imaginait. C'est un pouvoir qui est inscrit dans ton fonctionnement neuronal et sur lequel tu peux, toi aussi, désormais t'appuyer. Laisse ton cerveau tranquille quand il rêvasse : il est en train de travailler pour te conduire là où tu as besoin d'aller. Fais la paix avec ce que tu es.

CE QU'IL FAUT RETENIR

• L'hypersensibilité est un phénomène physiologique. L'hypersensible ne surréagit pas parce qu'il est moins sage, mais du fait de son fonctionnement neuronal.

• Le mode de fonctionnement privilégié du cerveau, le « mode par défaut », est celui de l'intériorité et de la rêverie. L'hypersensible a la chance d'y avoir facilement accès. C'est ce mode qui permet les créations, les découvertes les plus prodigieuses.

• Fais confiance à la singularité de ton système nerveux. Il sait t'emmener là où tu as besoin d'aller.

EXERCICE

Entraîne ton cerveau à fonctionner selon le « mode par défaut ».

Autorise-toi à rêver.

Tu as un problème, un sujet d'inquiétude ? Ne ressasse pas, lâche-toi et regarde les nuages dans le ciel.

Ils ont des formes étranges ou connues, t'évoquent des animaux, des objets, des personnes.

Tu as l'impression de perdre ton temps ? Oublie tes problèmes et prends le temps de partir à l'aventure avec ces nuages.

Sans t'en rendre compte, ton cerveau travaille.

Il a entendu que tu as un problème à régler, et il te donnera en temps voulu ce dont tu as besoin.

20

SILENCE

Écouter le bruit de la vie

Quand ma grand-mère adorée n'a plus pu continuer à vivre seule, elle a choisi de rejoindre une maison de retraite où elle s'est fait de nouveaux amis. J'allais souvent la voir l'après-midi, je la retrouvais assise avec eux dans un salon où trônait la télévision. Personne ne la regardait, mais elle était là, en bruit de fond. Le malaise que j'éprouvais dépassait la rationalité : ce bruit était juste trop, il emportait avec lui ma capacité d'attention, je ne tenais plus en place ; je me sentais ridicule, mais il en allait presque de ma survie. Je n'y pouvais rien, je finissais par craquer. J'entraînais ma grand-mère hors de la pièce, loin du bruit.

Comme tous les hypersensibles, j'ai besoin de silence pour me ressourcer. J'ai l'impression d'être agressé par le brouhaha, par les bruits de fond, par les sons inutiles, par les bavardages. Je n'aime pas les grandes tablées, je leur préfère les repas plus intimes. Je suis incapable de me concentrer quand il y a trop de personnes qui s'agitent autour de moi. Ou alors, je ne me concentre plus que sur ce brouhaha ambiant qui me rend fou.

J'ai besoin de silence. Mais nous vivons dans une société terrorisée par le silence ; elle le ronge de partout dès qu'elle le peut. Il y a de la musique dans les ascenseurs, la télévision dans les cafés, des haut-parleurs supposés favoriser le commerce, des messages répétitifs dans les gares, partout et tout le temps des sonneries stridentes de téléphones.

Pour beaucoup, ce bruit non voulu passe inaperçu. Il est même bienvenu : le silence peut angoisser, il peut faire peur parce qu'il renvoie au froid, à l'ennui, à la solitude, à notre condition de mortels. Ce n'est pas une innovation de notre époque : depuis les cirques romains, et sans doute bien avant, toutes les distractions bruyantes ont existé pour nous détourner de nous-mêmes.

Il y a une réalité objective du silence : l'absence de bruit. Elle s'écoute plus volontiers la nuit, quand tout dort, quand la télévision est éteinte, quand seuls restent audibles le craquement d'un meuble ou un chien qui aboie au loin. Cette absence-là n'est qu'une étape.

Le vrai silence dont je parle m'a été décrit par un kinésithérapeute, un homme extrêmement sensible, passionné par son métier, mais parfois submergé par les bavardages que lui imposent certains patients et qui l'empêchent de se concentrer pour donner le meilleur de lui-même. « J'ai appris,

Silence

même quand il y a du bruit, à trouver, à créer en moi le silence dont j'ai besoin, qui me relie à mon espace intime, à mon intériorité, qui me rassure, m'apaise. Pendant quelques minutes, parfois moins, je me tais, je regarde, j'écoute, je suis moins dans la réaction, peut-être plus en rapport ainsi avec ce qui se dit. Je retourne en moi, à ce que je sens, à ce que je veux, à ce que je désire, avant de m'engager à nouveau dans la conversation. Je fais silence. Et quand ce silence s'établit, je me sens en rapport avec une forme de sincérité », me confie-t-il.

C'est un silence qu'une musique, un poème, certaines paroles aident à vivre et à habiter. Un vrai silence qui ne fait pas peur parce qu'il est plein, vivant, fécond, régénérant. Parce qu'il est une disposition d'écoute, d'accueil qui rend tout possible. Parce qu'il est d'abord une expérience humaine.

Il y a, dans le silence, une étrangeté qui peut devenir une amie, avec son inconnu, son inconnaissable. Qui peut ouvrir à une autre structuration du monde, plus vaste, plus profonde. Qui donne place à la rencontre. Le silence, les hypersensibles le savent d'instinct, n'est pas opposé à la relation, à la rencontre. Il n'est pas une bulle, mais l'occasion d'atténuer les stimuli qui agressent pour trouver une parole vraie, une parole qui n'est pas bavardage, mais authenticité. Le silence dont a besoin l'hypersensible est cette sincérité profonde qui le met en accord avec lui-même, avec la situation, avec l'autre. « Le silence est la source étrange des poèmes », disait Paul Valéry.

Kierkegaard était-il un grand hypersensible ? Il nous a légué l'une des plus belles phrases sur le silence : « La vie, le monde que nous connaissons sont gravement malades. Si j'étais médecin et que l'on me demandait mon avis sur les hommes, je répondrais : du silence, prescrivez-leur du silence. » Car le silence nous guérit du brouhaha, de l'inconsistance. Il peut, au départ, déranger. Mais quand on s'entraîne à l'apprivoiser, il est fécond, il nous apaise profondément. Il est un médicament qui ponctue la vie.

Les hypersensibles les plus heureux sont ceux qui ont réussi à trouver leur propre rapport au silence. Il les guérit d'un mal dont ils sont parfois les victimes : un besoin incontrôlé de parler, dans le désordre, dans l'émotion, dans le vain espoir de vider ce trop-plein d'émotions qui les submerge, les angoisse, les intoxique. Se noyer dans ce bruit est la plus mauvaise des solutions : les émotions ne s'éteignent pas ainsi.

Il t'arrive, à toi aussi, d'éprouver ce besoin de t'épancher, mais tu sais qu'il ne t'apaisera pas, qu'il n'est qu'une illusion, un aveuglement. Car tes émotions ne peuvent pas être partagées, et tu le sais. Ne te laisse pas intoxiquer, retourne en toi, fais la paix avec toi, apprivoise-toi.

Silence

Fais silence, même quand tu n'es pas seul. Laisse « un ange passer ». Dans l'Antiquité, on t'aurait dit : « Laisse Hermès passer. » Hermès, paradoxalement, est le dieu de la communication. Car c'est dans le silence que tu entres dans la plénitude vibrante du vivant. Dans le silence que tu découvres le monde autour de toi.

CE QU'IL FAUT RETENIR

• L'hypersensible a un immense besoin de silence… mais tous les hypersensibles ne le savent pas.

• Le silence est une force de guérison pour les hypersensibles. Par le ressourcement qu'il procure, il permet un *reset*, une réinitialisation de la globalité de l'être, un grand nettoyage…

• Quand tu es submergé, quand tu n'en peux plus, le silence est ton remède de secours. Éloigne-toi quelques instants du bruit, de l'agitation.

EXERCICE

Le silence te fait peur, tu vas apprendre à l'apprivoiser.

Que tu sois seul ou que vous soyez à deux, ce soir, sors de tes habitudes.

Consens à éteindre la télévision, la radio, ton téléphone et écoute la nuit.

Accepte ce passage entre le vide que tu perçois d'abord, puis ce vide qui, au bout de quelques minutes, va te paraître plein.

Un message arrive dans ce silence que tu ne cherches pas à combler.

Tu perçois des bruits qui t'étaient imperceptibles, tu entends le son de la vie.

Tu t'ouvres à une dimension bienfaisante.

21

BURN-OUT

*Ce qui vous menace n'est pas du tout
ce que vous croyez*

Je suis scandalisé par certains propos qui circulent au sujet du burn-out. C'est la maladie du siècle, c'est vrai. Elle menace particulièrement les hypersensibles, c'est vrai aussi. Mais s'ils en sont majoritairement victimes, ce n'est pas en raison d'une quelconque faiblesse ni d'une résistance limitée. Au contraire : un hypersensible a une résistance supérieure à la moyenne, et c'est justement là que réside le piège. Il veut toujours faire mieux, plus, donner du sens à chaque tâche, il pousse ses limites et a du mal à être respecté pour cela.

Entendons-nous d'abord sur la définition du burn-out, devenu un mot-valise, mal employé pour tout désigner y compris les états de grande fatigue consécutive à une surcharge excessive de travail, à un stress intense ou même aux états de dépression.

Le burn-out est bien plus que cela : c'est un effondrement complet, une perte de toutes les ressources en soi. Sa victime est littéralement brûlée, carbonisée – sens littéral de ce mot anglais. À l'intérieur d'elle-même, elle n'est plus que cendres. C'est le syndrome d'une époque viciée, d'un système perverti qui rend littéralement malade.

Le burn-out n'est pas seulement psychologique – bien que nous ayons tendance à considérer que des encouragements suffiront à rétablir celui ou celle qui en est victime. L'affaire n'est pas si simple : cette maladie (car c'en est une) a un substrat physiologique lié à une situation de stress intense et continu qui agresse l'organisme jusqu'à entraîner son dysfonctionnement.

À l'origine de cette agression : les hormones du stress, comme l'adrénaline et le cortisol, que le cerveau, nous venons de le voir, sécrète pour aider notre organisme à réagir, soit par la riposte soit par la fuite. Ces hormones, nous l'avons vu aussi, stimulent certains organes, comme le cœur qui bat plus vite pour oxygéner le corps ou encore les muscles qui se tendent. Sur d'autres organes, et afin de ne pas dépenser inutilement le stock d'énergie dont nous disposons, elles ont l'effet inverse : elles les ralentissent. C'est le cas pour les intestins et, plus largement, pour le système digestif (on digère mal quand on est sous tension), mais aussi, quand elles sont sécrétées sur le long terme, pour certaines fonctions cognitives. Par ailleurs, sous l'effet de ces hormones, on reste en éveil, le besoin de sommeil disparaît – tous ceux qui ont préparé des examens ou des concours ont connu les nuits blanches qui, dans une certaine limite, peuvent se révéler productives.

Ces épisodes ponctuent notre vie, ils nous alertent, nous protègent, nous aident à avancer. Mais quand, sous l'effet d'un stress chronique, la sécrétion de ces hormones est ininterrompue, l'organisme ne suit plus, il s'épuise. Son oxygénation se déséquilibre, d'où les crampes, les maux de ventre, la mémoire qui flanche et avec elle les ressources intellectuelles qui baissent. Le manque de sommeil se traduit aussi sur le plan émotionnel : on se sent plus vulnérable, on est plus sensible, « à fleur de peau ».

Et puis, un jour, c'est la déflagration qui intervient en même temps sur les plans physique, cognitif, émotionnel et comportemental, décuplant ces symptômes – que connaissent les hypersensibles et qu'ils ont tendance à négliger ou à minimiser.

Physiquement, le corps lâche. Les muscles ne répondent plus. Le signe le plus commun d'un burn-out est l'incapacité, un matin, de se lever de son lit, avec, en plus, une cascade de symptômes handicapants : des nausées, des vertiges, un mal de tête, une infinie lassitude.

Au niveau cognitif, les signes avant-coureurs qu'on avait fait semblant de ne pas voir se précisent et vont durer : l'incapacité de se concentrer, les trous de mémoire, l'esprit qui fonctionne au ralenti, les raisonnements qui « bloquent ». Pour qui l'a vécu, c'est un moment effrayant.

Émotionnellement, un sentiment d'épuisement domine. La victime d'un burn-out réalise brutalement qu'elle n'a aucun contrôle sur sa vie et elle prend peur. Chez certains, le déferlement des émotions est intense. À l'inverse, chez d'autres, le vide intérieur touche aussi la vie émotionnelle : on se retrouve prostré, comme anesthésié. Vidé. Les pleurs sont, la plupart du temps, incontrôlables.

Tout le comportement s'en ressent. Un réflexe de repli sur soi se met en place pour protéger la personne qui ne peut plus supporter les frustrations et les difficultés du quotidien : elle n'en a désormais plus la capacité. Elle devient agressive pour se défendre parce qu'elle a peur de tout, de tout le monde. Elle est moins encline à l'empathie parce qu'elle ne ressent autour d'elle que de l'hostilité, ne voit que des situations inextricables. Et elle n'a pas la force physique ni mentale de les affronter. Elle se met en berne. Elle devient encore plus hypersensible : elle ressent tout, et tout devient plus intense.

Un lieu commun, qui reste encore trop répandu, voudrait que le burn-out soit provoqué par l'excès de travail. De tels cas existent, mais ils sont très rares : le travail ne tue pas, du moins dans nos sociétés où il est heureusement encadré par des lois empêchant les dérives extrêmes.

Ce qui tue, c'est la violence au travail qui déclenche l'inondation d'hormones du stress sécrétées par le cerveau. Des études ont été menées, notamment auprès de personnels soignants ayant vécu un burn-out, pour en cerner les facteurs déclenchants. La plupart des victimes de cette maladie mettent en avant le manque de reconnaissance dont elles ont souffert alors qu'elles se donnaient pleinement à leur tâche.

J'avais accompagné une amie dans sa longue remontée de la pente. Elle travaillait depuis plusieurs années dans une PME puis, un jour, les règles ont changé. Pour motiver les équipes, une « évaluation individualisée des performances » a été mise en place. Il ne s'agissait pas d'évaluer le travail accompli, mais ce qui était appelé « le travail prescrit », c'est-à-dire celui que chaque salarié aurait dû accomplir. Les entretiens étaient menés de telle sorte que chacun sentait une épée de Damoclès au-dessus de sa tête. Mon amie accomplissait bien plus que sa part, mais ce n'était jamais assez. Forcément, les objectifs du « travail prescrit » étaient inatteignables. Les critiques ouvertes et les sous-entendus se multipliaient : sur son âge, sur sa capacité de résister, sur ses capacités tout court, alors qu'elle s'était toujours donnée à fond. Elle avait été peu à peu exclue de certaines réunions, mais le travail continuait de s'entasser sur son bureau. Elle culpabilisait, elle était la première à arriver, la dernière à partir. Ce n'est pas le travail qui l'usait, mais le mépris qu'elle ressentait autour d'elle.

Elle s'en est voulu quand ses premières défaillances sont apparues. Des oublis, un mal de dos persistant, des insomnies, une baisse générale de régime contre laquelle elle luttait éperdument en refusant de baisser les bras. Elle était talentueuse, elle avait fini par l'oublier. Elle allait jusqu'à nier la violence sociale, la violence idéologique qui lui demandait d'en faire toujours plus, qui lui reprochait de ne pas en faire assez. Elle ne s'écoutait plus, portait tous les dysfonctionnements de son service et de l'entreprise sur ses épaules. Son travail, qui l'avait enthousiasmée pendant des années, commençait à perdre tout sens. Un matin, elle ne s'est pas levée.

Le burn-out semble se produire brutalement, le processus est en réalité très long, il s'étale sur des mois, voire des années. Il est essentiel de détecter ses signes avant-coureurs avant qu'il ne soit trop tard. Les hypersensibles ont la chance d'être dotés d'antennes qui les alertent très vite, qui réveillent l'humanité en eux pour dire non, pour instaurer des limites quand leur instrumentalisation, parfois leur auto-instrumentalisation, devient inhumaine. Ils n'osent pas dire ce non, peut-être parce qu'ils se sentent quelque part fautifs. Ils se sentent si souvent fautifs… Mais se donner avec tout son cœur avec enthousiasme, avec bienveillance, n'est pas une faute. Ils ne sont pas coupables, ils sont victimes d'un système.

Psychologue spécialiste du burn-out qu'elle a elle-même vécu, fondatrice de Noburnout[1], Catherine Vasey me confirme dans cette intuition. Elle voit dans les hypersensibles, qu'elle préfère nommer hyperlucides ou hyperprésents ou hypervivants, l'image d'une évolution de l'humanité : « Une sensibilité et une profondeur se développent au fil des générations successives, l'aspiration à une autre qualité de vie, une usure et un non-sens humain de cette vie de consommation, du métro-boulot-dodo qui abrutit les gens et les enferme. La croissance de notre humanité va vers cette sensibilité : besoin du respect des valeurs profondes, de la dignité de l'humain... D'où la question : quelles qualités humaines allons-nous développer à l'avenir ? »

Traverser un burn-out, c'est devenir hypersensible, donc hypervivant. C'est réussir à ne plus regarder la réalité de la même manière, à ne plus être dupe de la violence que l'on veut nous imposer. Quand elle s'en est sortie, mon amie a enfin pris le temps de se poser pour repenser sa vie, ses priorités. Après s'être brûlée au travail et dans une existence qui n'avait plus de sens humain, elle est devenue hypersensible à sa propre vie, hyper-attentive à construire une autre vie. Elle reste une

---

1. noburnout.ch

battante sur le plan professionnel, mais elle a préservé des aires où elle s'investit : sa famille, ses loisirs et une association qui lui tient à cœur.

Tu as toutes les ressources en toi pour te mobiliser, pour te protéger, pour triompher. Pour que le burn-out de quelques-uns ne devienne pas un incendie qui embrasera toute notre société. Les hypersensibles, j'en suis convaincu, sauveront un jour le monde.

CE QU'IL FAUT RETENIR

- Le burn-out n'est pas un signe de déficience, mais de sureffisance.

- Il n'est pas la conséquence du travail excessif, mais de la maltraitance sournoise.

- La perversité du système est telle que les victimes du burn-out en viennent à s'en vouloir. Mais de quoi ? D'être trop enthousiastes ?

- Il existe des signes avant-coureurs d'un burn-out. Ouvrons les yeux pour les détecter et apprenons à dire non à ceux qui abusent de notre enthousiasme – même si c'est difficile pour un hypersensible.

EXERCICE

C'est de ton propre enthousiasme qu'il te faut te protéger.

Pour toi, la pente est glissante : tu ne sais pas travailler sans y mettre tout ton cœur.

Tu sens que quelque chose ne va pas ; écoute-toi.

Fais-toi aider pour regarder la situation avec une objectivité que tu as du mal à t'octroyer à toi-même.

Avec un collègue en qui tu as confiance, ou avec un professionnel de l'aide, identifie les causes de ton malaise, repère les manipulations dont tu es victime.

Et pose des limites, même si ça ne t'est pas naturel.

22

PERFORMANCE

*La contre-productivité
de la roue du hamster*

Je suis admiratif de la performance, une voie dans laquelle il est impossible de s'engager sans enthousiasme, sans envie d'excellence. Liée à la créativité, à l'inventivité, à la capacité d'être en rapport au réel pour ouvrir les portes sur lui, elle est le terreau dans lequel se forgent les champions – chacun d'entre nous peut être le champion de sa vie.

Les hypersensibles qui me lisent le comprendront. J'ai moi-même appris à les reconnaître à l'aune de la passion, de l'engagement avec le cœur, avec les tripes, de la capacité qu'ils ont de se consacrer à une tâche pendant des heures, des jours, sans avoir envie de bouger, de manger, de dormir. Pris par un mouvement intérieur, toutes leurs antennes en éveil, ils, elles, s'oublient pour exprimer, pour inventer, pour se réaliser, pour sortir des process et toucher la profondeur de la vie.

Un glissement s'est cependant opéré dans nos sociétés. De manière pernicieuse, notre fascination légitime pour la performance a été encouragée jusqu'à devenir aveuglement. Depuis quelque temps, elle s'est muée en hystérie. Une hystérie de la performance qui nous mène inéluctablement à notre destruction.

L'hystérie de la performance n'a pas grand-chose à voir avec la performance. Elle est une créature de la dictature de la rentabilité et de ses colonnes de chiffres qui ne renvoient à rien de réel, où l'on est toujours en faute, où l'on n'en fait jamais assez, où l'on est sommé de s'agiter, où l'on peut toujours faire mieux – en quantité, en nombre, mais pas forcément avec intelligence et encore moins avec créativité. Elle est une attaque d'une violence extrême contre l'humanité : l'individu n'est plus qu'un rouage d'une machine.

Contrairement à une croyance qui s'est propagée comme une traînée de poudre, cette hystérie n'est même pas rentable : elle réduit l'ensemble du champ du réel à des données extrêmement limitées, à des protocoles mécanisés qui, dans le concret de la réalité, ne produisent pas de meilleurs résultats.

Tous les métiers, tous les secteurs sont concernés. Les vendeurs ? On les appelle désormais des agents de caisse et le temps qu'ils consacrent à chaque client est comptabilisé, histoire d'accélérer la cadence. Les hôtes et hôtesses d'accueil ? Leurs initiatives personnelles sont étouffées et remplacées par des protocoles qui incluent jusqu'au

Performance

« bonjour » et au « merci ». Dans les hôpitaux, les chefs de service, des médecins, consacrent un tiers de leur temps à des tableaux consignant le nombre d'actes réalisés et ils sont dotés d'objectifs chiffrés à tenir. L'un d'eux me confiait son désarroi : ce temps des tableaux, il le « gagne » sur celui qu'il aurait imaginé plus logique et plus productif de consacrer aux patients. « Le temps accordé à chaque malade s'est réduit, le nombre d'actes a effectivement augmenté, me dit-il. Mais tout le monde est perdant : dans la précipitation, nous passons certainement à côté de symptômes, de maladies qui, prises à temps, auraient permis des économies bien plus importantes à notre système de Sécurité sociale. » Mais il n'a pas le choix : s'il ne remplit pas ses tableaux, il devra céder sa place à un autre médecin qui deviendra à son tour un hamster pris dans sa roue.

L'hystérie de la performance assassine la performance. Bien sûr, un médecin-robot saura reproduire tous les protocoles, mais, quels que soient les développements à venir de l'intelligence artificielle, il restera incapable de faire face à l'inattendu qui est le quotidien des médecins. Un éditeur-robot réalisera des tableaux analytiques déterminant le succès escompté d'un livre, mais il lui manquera la capacité de se plonger dans des manuscrits pour découvrir des sujets inattendus qui vont l'enthousiasmer, de nouveaux auteurs auxquels il donnera leur chance. L'usine-robot, elle, saura produire 10 000 smartphones à la minute, mais elle n'aurait jamais su inventer le smartphone ni continuer à en améliorer les usages en captant, voire en devançant les besoins des utilisateurs.

Je connais un expert-comptable hypersensible. Il a trouvé sa voie dans les chiffres qui l'apaisent. Il est très droit, très rigoureux, il connaît ses règles sur le bout des doigts et ne transige pas avec elles. Mais son empathie lui donne une intelligence intuitive de chaque situation, une capacité de voir le rapport entre les comptes et la réalité qui est derrière les chiffres, d'établir des liens que d'autres ne voient pas, d'être parfois hors catégories rationnelles et plus dans l'action de la réalité de la vie telle qu'elle est. Il accompagne ses clients et s'engage à leurs côtés, se donne pour imaginer des solutions qui ne tournent pas à vide, mais sont vivantes. Il prend son temps et, de ce fait, il est juste performant.

L'hystérie de la performance ne se contente pas de nous interdire l'excellence : elle est folie, inanité, massacre. Ses coûts humains, écologiques, sociaux sont faramineux. Elle se moque de toute exigence, avance à la manière d'un rouleau compresseur qui emporte tout sur son passage. Elle détruit la possibilité du travail en le niant dans sa dimension d'engagement. Cette dimension est pourtant une exigence légitime, non seulement pour les individus, mais pour la société, pour la planète. Halte aux dégâts : ils sont déjà excessifs.

Performance

L'immeuble où j'habite a une étrange particularité : la plupart des GPS indiquent son emplacement une centaine de mètres plus loin. Je n'ai pas de voiture et il m'arrive de faire appel à des taxis. Pour certains chauffeurs, pris dans l'hystérie de la performance, le réel ne dépasse pas l'écran du GPS : ils s'arrêtent loin de chez moi, je dévale ces cent mètres et ils regardent à peine le client qu'ils embarquent pour le trajet. D'autres ont la curiosité de vérifier s'ils sont au bon endroit et d'avancer un peu plus loin. Dans ces quelques mètres réside la différence entre ceux qui savent regarder à côté pour s'ouvrir à d'autres paramètres, et ceux qui se laissent aveugler par la machine et ne voient finalement rien. Les premiers ont souvent le sourire. L'accablement des seconds me serre le cœur. L'hystérie de la performance, incarnée ici dans un GPS, les amène à vivre à côté de leur vie. Coincés dans une bulle, ils oublient l'autre, le réel.

Les hypersensibles sont dans l'exigence de performance. De ce fait, ils sont les victimes privilégiées de l'hystérie de la performance. Elle les coupe de la vie qui est créativité, envie, allant. Ils ne peuvent s'y résoudre. Parmi les voix qui s'élèvent aujourd'hui pour appeler la société entière à plus de raison, c'est-à-dire à moins de robotisation et à plus d'humanité, beaucoup sont celles d'hypersensibles qui ont choisi de ne pas se taire. Ils ne se sont pas résolus à être des hamsters tournant inutilement dans leur roue ; ils sont devenus la conscience du monde.

Tu as reçu le cadeau de l'hypersensibilité. Tu as une aptitude supérieure à détecter, humer, relier, anticiper, imaginer, voir le réel pour trouver de nouveaux chemins. Ne laisse pas les faux prophètes de l'hystérie te mettre en danger : tu sais que leurs croyances sont un crime contre l'humanité en nous. Le monde a besoin de toi. Apprends-lui à résister. À devenir performant.

CE QU'IL FAUT RETENIR

- La performance est la passion de l'engagement. Elle n'a rien à voir avec l'hystérie de la performance, un engrenage mortifère et coûteux, y compris en termes économiques.

- L'hystérie de la performance est l'ennemie de la créativité, de l'envie, de la réalité.

- L'hypersensible voit l'absurdité destructrice de cette hystérie. Il ne peut s'y résoudre.

- Lanceurs d'alertes, les hypersensibles sont la conscience du monde. Ils ont la capacité de le sauver de l'hystérie.

EXERCICE

Le Bouddha invitait ses disciples à avancer comme des éléphants, non comme des vers de terre.

Le ver de terre creuse son tunnel dans l'obscurité et avance sans rien voir. Il creuse et creuse, mécaniquement, sans savoir où il va. L'éléphant, lui, avance à la lumière. À chaque pas, il regarde tout ce qu'il se passe autour de lui. Il prend son temps, il s'en nourrit, porté par son effort.

Le ver de terre s'épuise, l'énergie de l'éléphant, elle, ne faillit pas.

Pour ne pas succomber à l'hystérie de la performance, sois comme l'éléphant.

Tu dois ranger tes placards ? Ne te laisse pas écraser par le nombre d'étagères, n'en fais pas ton « devoir », mais regarde plus loin, donne un sens à ta tâche, par exemple ton bonheur ou celui de tes enfants à voir ce placard bien rangé.

Tu seras étonné par tes propres performances !

23

STRESS

*Se « calmer », c'est se couper
de ce que l'on vit et de ce que l'on sent*

Quand, il y a quelque temps, je suis allé consulter un médecin pour des maux de ventre qui me pourrissaient la vie, il m'a prescrit une série d'examens qui n'ont révélé aucun dysfonctionnement. Son diagnostic est tombé comme un couperet : « Vous êtes stressé. » Ce qui était une autre façon de me dire que j'étais coupable. Mais coupable de quoi ?

Le mot stress est totalitaire. Je ne le comprends pas. On y met tout ce qui ne nous sied pas, ou plutôt tout ce que nous n'avons pas envie de voir : les émotions, les angoisses, la colère, les déceptions. Comme burn-out, stress est devenu un mot-valise, peut-être commode, mais certainement maléfique. Il nous détourne de l'exigence de prendre le temps de comprendre ce qu'il nous arrive, de chercher le mot juste pour décrire ce que nous éprouvons, ce que nous ressentons.

Suis-je hypersensible ?

S'agit-il de pression, de tension, d'émotivité ? De peine parce qu'un proche a des ennuis, de chagrin parce qu'un ami est malade, de fatigue à cause d'un surcroît de travail ? De peur ? Si j'ai à prendre la parole en public, il est sain que je sois inquiet : cet acte a un sens pour moi, le stress va me mettre sous une pression bénéfique, salutaire. Mais alors, avant de m'emparer du micro, est-ce que j'ai mal au ventre parce que je suis stressé, ou parce que j'ai quelque chose à dire qui me tient à cœur ?

Le stress est une réaction naturelle, organique, observée chez les humains, les animaux et même les plantes. C'est la première réponse de notre corps à une sollicitation – de l'environnement, des pensées, des souvenirs, des émotions. Grâce à lui, les muscles (les fibres pour les plantes), la capacité de concentration, l'attention, la mémoire sont stimulés et peuvent réagir.

Si j'étais un rocher, je ne serais pas stressé. Mais je suis un humain. Et non, je ne suis pas « stressé » : je suis trop sensible, je suis affecté, je suis malheureux, je suis ému, je suis à bout, je suis énervé, je suis sous tension. Si je ne nomme pas chacune de ces réalités, si je m'obstine à les dissimuler sous un mot qui a cessé de vouloir dire quelque chose, je ne réussirai pas à les toucher, à en prendre conscience pour pouvoir, dans un deuxième temps, les surmonter.

Stress

Ne te sens pas coupable si l'on te dit que tu es stressé : tu n'es pas en faute. Pourquoi le serais-tu ? Parce que tu prends les choses à cœur ? Parce que tu essaies d'agir du mieux possible ? Tu es hypersensible, t'investir pleinement dans chaque tâche est ta force. Je peux le dire autrement : quand on s'en fiche, on n'est pas « stressé », on n'est pas mobilisé. Ce que l'on appelle « stress » est le visage de l'exigence, de l'engagement, de la volonté d'accomplir les choses sérieusement. Croire qu'un comédien peut monter sur scène sans avoir le trac, ou que n'importe qui d'entre nous peut aller à un rendez-vous important sans une dose d'angoisse n'est qu'une idée abstraite pour un modèle fou. Une fable inventée pour nous « stresser ». Un mensonge éhonté qui te prive de ton problème, qui nie ton problème.

Tu es « stressé » parce que tu ne renonces pas à l'exigence de faire du mieux possible. C'est tout à ton honneur : je serais terrorisé en face d'un médecin ou avec un pilote d'avion qui, devant une difficulté, lâcheraient prise. On t'enjoint de déstresser ou de gérer ton stress, de te calmer, d'être zen. De quantifier ton stress – « je suis hyperstressé », « je suis moins stressé »... C'est insupportable et c'est surtout déshumanisant.

Ne te calme pas ! Tu n'es pas une machine à vapeur subissant une pression mécanique ; tu es, heureusement, beaucoup plus subtil et complexe qu'une machine. N'écoute pas les appels à « la gestion du stress », autogestion fictive de nous-mêmes, devenue une religion qui nous fait ployer sous le poids de la culpabilité. Ce n'est pas en rêvant d'être calme que tu te calmeras : te calmer n'est que l'évitement de ce que tu es en train de vivre, de ce qui te travaille, et c'est malsain. Si tu éprouves de l'angoisse avant de te lancer dans une nouvelle tâche, reconnais ton angoisse, accepte-la, rencontre-la, discute avec elle s'il le faut. Elle est précieuse : elle t'amènera à aller au bout de l'exigence qui te caractérise.

Je n'en veux pas à tous ceux qui utilisent le mot « stress » : ils sont victimes de l'ambiance idéologique dans laquelle nous baignons. Mais je t'invite, au moment de le prononcer, à prendre quelques secondes de recul pour le décliner : je ne suis pas stressé, je suis trop ému, je suis inquiet, je suis maltraité, je suis hypersensible, je suis débordé. Et déjà, tu n'es plus coupable. Tu es même moins « stressé ».

Tu es débordé ? Le contraire de « débordé », c'est « organisé ». En identifiant ce qu'il t'arrive, tu as compris la situation. Tu peux alors prendre des mesures adaptées. Tu es trop ému ? Tu as sans doute besoin d'appeler un ami ou d'aller marcher pour t'apaiser. Ne sois pas stressé : assume tes angoisses, ta tristesse qui sont la chance de ton humanité. Tu es bouleversé parce que tu es humain. En nommant ce que tu ressens, tu trouveras un moyen juste d'agir, tu célébreras ton humanité. Tandis que si tu te contentes de « stresser », tu culpabilises d'être humain.

Ton exigence est ta beauté, ta dignité. Continue de l'écouter, de la nommer, donne-lui forme, sois ambitieux avec la vie, engage-toi.

CE QU'IL FAUT RETENIR

• Le stress est une réaction naturelle de tout organisme vivant.

• Il est devenu un mot-valise qui nous empêche de regarder ce que nous vivons, ce que nous éprouvons, ce qui nous travaille. Il nous culpabilise inutilement.

• « Apaiser son stress » n'est pas se calmer, mais avoir l'intelligence de comprendre ce qu'il nous arrive. Mettre le vrai mot sur ce vécu est une étape indispensable pour guérir ce qui est blessé en soi.

• Tu n'es pas stressé : tu es angoissé, tu as peur, tu as trop de travail, tu es bouleversé, tu es humain.

EXERCICE

On le prononce comme on respire : « Je suis stressé(e). »
Je t'invite à bannir ce mot de ton vocabulaire et à le remplacer par ce que tu ressens vraiment.
Ose le dire : tu es fatigué, tu es blessé, tu es nerveux, tu es angoissé...
En identifiant cette réalité, tu es déjà libéré.
Tu l'as reconnue, tu lui as donné le droit d'être.

24

SPIDER-MAN

*Renouer avec les pouvoirs
de l'hypersensibilité*

Mon enquête autour de l'hypersensibilité serait passée à côté d'un éclairage essentiel sans un mail que m'a envoyé Éric Safras.

Éric a une passion qu'il cultive depuis sa plus tendre enfance : Spider-Man, l'homme-araignée, l'un des super-héros les plus populaires des *comics* américains. La raison de cette passion m'intriguait, Éric me l'a volontiers livrée : « À l'école, j'étais timide, je restais à l'écart, me dit-il. Sans en avoir conscience, je me suis identifié à ce personnage qui a pour caractéristique principale son hypersensibilité. Il me parlait. Je suis resté un grand amateur et un fervent collectionneur. » Je me suis replongé dans les aventures de l'homme-araignée. Je l'ai redécouvert avec sa part de fragilité. Avec lui, j'ai réalisé qu'être dans la norme est le meilleur moyen... de rester inadapté.

Spider-Man est une belle métaphore de l'hypersensibilité. Né en 1962 sous la plume de Stan Lee et Steve Ditko, il est un personnage atypique dans son Amérique natale. Orphelin à l'âge de six ans, élevé par son oncle et sa tante qui ne roulaient pas sur l'or, c'est un gringalet qui, avec son 1,75 mètre et ses 72 kilos, ne pèse pas lourd face aux gabarits « à l'américaine ». Lycéen mal dans sa peau, écorché vif, il est le souffre-douleur des costauds de sa classe. Il est tellement timide qu'il ose à peine approcher les filles dont il tombe amoureux, et il subira par la suite bien des déconvenues avec ses fiancées. Tous les super-héros sont solitaires, Spider-Man l'est encore plus que les autres.

De son vrai nom Peter Parker, il a un secret : des superpouvoirs acquis après qu'il a été mordu par une araignée radioactive. Outre la force et l'agilité, il est doué d'un « sens de l'araignée », une sorte de sixième sens très exacerbé : il « sent » à distance les menaces qui se profilent. Chez les hypersensibles, on parle d'antennes surdéveloppées. Et, comme la plupart des hypersensibles, ce don le laissera à l'écart des autres, de la société. Il a du mal à s'inscrire dans la vie de tous les jours. Il est admiré, jalousé, mais en même temps il effraie.

Dans les premiers épisodes, Spider-Man imagine gagner sa vie grâce à son don et aider ainsi ses parents adoptifs qui sont dans le besoin. Sans logistique, tout seul dans son coin, il coud son costume d'homme-araignée (qui lui permet de camoufler sa vraie identité) et les accessoires qui vont avec. Mais il reste à distance de lui-même, il se méfie encore de lui-même, il ne va pas au bout de ce qu'il est. Or, pour livrer ses bénéfices, un don doit d'abord être reconnu, ensuite se mûrir, se travailler. Il ne sert à rien d'être talentueux en musique, en peinture ou en mathématiques si l'on ignore ce talent ou bien si l'on se contente d'en prendre acte sans s'entraîner.

Une tragédie lui en fera prendre conscience : par négligence, par dédain, Spider-Man a laissé s'enfuir un cambrioleur qu'il aurait pu arrêter et livrer à la justice. Quelque temps plus tard, son oncle qui l'a élevé est assassiné par ce même cambrioleur en cavale. Ce drame bouleverse l'homme-araignée à la sensibilité exacerbée. « De grands pouvoirs impliquent de grandes responsabilités », réalise-t-il. Il accepte d'être ce qu'il est et se place au service des autres : il devient le superjusticier que l'on connaît.

Au fond, c'est une histoire très commune. Les héros se révèlent grâce à la capacité qu'ils ont d'éprouver un trop-plein d'émotions – la grande caractéristique des hypersensibles. Submergés, ils sortent de la norme qui détruit le monde. Ils ne se laissent pas engloutir, mais s'élèvent pour dire non et réinventent de nouveaux possibles là où l'on croyait qu'il n'y en avait pas. Ils puisent leur force dans leur sensibilité exacerbée.

« La voix qui crie dans le désert de cette île, c'est moi, et c'est pour cela que vous devez m'écouter avec attention. Cette voix vous dit que vous êtes tous en état de péché mortel à cause de votre cruauté envers une race innocente. Ne sont-ils pas des hommes ? Ne sont-ils pas des êtres humains ? » Cette phrase a été prononcée au tout début du XVIe siècle à Saint-Domingue par un autre hypersensible, un autre super-héros, un prêtre dominicain, Antonio de Montesinos, horrifié par le massacre des indigènes qui est alors perpétré depuis un siècle par les conquistadors, dans l'indifférence générale et avec la bénédiction de l'Église. Montesinos enfreint une règle : il lance ce cri à l'occasion de son sermon, durant la messe qui est pourtant très codifiée. Il scandalise. Il a osé parce qu'il a vu, avec le sens de l'araignée, ce que les autres ne voyaient pas. Il n'a pas le costume de Spider-Man, il n'est alors qu'un anonyme.

Son appel ébranle les membres de sa communauté réunis pour l'office. Il leur a ouvert les yeux. Ils étaient aveugles à ce que son hypersensibilité lui avait permis de voir. Ils refusent de le livrer à la police du roi. Le cri de Montesinos parviendra aux oreilles d'un autre hypersensible, Bartolomé de Las Casas, l'aumônier des conquistadors. Cette voix qui a crié dans le désert aboutira, des années plus tard, à la reconnaissance de l'humanité des indigènes.

J'avais assisté à une scène similaire, à une échelle évidemment beaucoup plus modeste, durant un conseil d'administration. Les participants ratifiaient des décisions déjà prises, mais l'un d'eux s'était dressé contre l'injustice que celles-ci faisaient peser sur les salariés. Il n'avait pas pu le supporter. Son émotion, sa sincérité avaient eu raison de la froideur des process.

Plus que jamais, nous avons besoin de l'héroïsme des hypersensibles. Parce qu'ils disposent du « sens de l'araignée », parce qu'ils ressentent dans chaque fibre de leur corps que « quelque chose ne va pas », parce qu'ils sont capables, comme Spider-Man, d'entrer en rapport avec la souffrance, ils se posent en rempart contre tous les excès, contre la déshumanisation du monde.

Hier, ils dénonçaient l'esclavage. Aujourd'hui, ces guetteurs, ces activistes sont les premiers à « voir » les dégâts que l'aveuglement de la norme inflige à notre planète, à notre société, et ils ont le courage, comme Spider-Man, de s'élever contre tous pour nous dire : « Stop, ça suffit ! » Ils ouvrent une forme de résistance qui n'est pas une militance issue d'une analyse logique et rationnelle, mais d'un engagement profond, viscéral, que la réflexion vient ensuite nourrir et éclairer. Ils sont l'avenir de notre temps, ceux qui vont s'opposer à la brutalité de l'humain-roi.

Ils sont ces militants que l'on dit « ultra », engagés pour la sauvegarde de l'environnement, pour la dignité des animaux, pour celle de ces enfants, de ces adultes esclaves enfermés dans les usines qui fabriquent notre confort matériel. Ils se révoltent, ils tempêtent, ils crient, ils sont excessifs, ils sont singuliers, ils ont, eux, un comportement humain qui transforme notre monde et appelle chacun à devenir hypersensible à son tour, pour agir à son niveau dans ce grand projet qu'est la sauvegarde de notre humanité.

Ils sont ce gamin qui, dans la cour de récréation, brise l'omerta pour consoler le souffre-douleur de la classe – ses camarades lui en voudront, ils le bouderont, l'excluront peut-être, mais il n'y pense pas quand il agit. Ils sont ce cadre supérieur que j'ai vu agenouillé sur un trottoir pour aider une vieille dame à se relever alors que tous les autres passaient leur chemin dans l'indifférence. Ils n'ont souvent que de minuscules pouvoirs, mais ils les placent au service d'un projet bien plus ample qu'eux, notre projet collectif pour l'avenir de l'humanité.

Spider-Man est étrange. Il n'est pas comme les autres. Les héros du quotidien sont étranges eux aussi. C'est d'ailleurs ce qui les sauve, ce qui nous sauve tous. Éric Safras, qui connaît son Spider-Man sur le bout des doigts, est formel : « Sans ses qualités d'hypersensible, sa fragilité, sa timidité, que la société considère à tort comme des défauts, il serait une machine à tuer. Grâce à elles, dans tous les combats, il retient ses coups. C'est ainsi qu'il devient un vrai héros. »

L'homme-araignée, et au-delà de lui tous les hypersensibles que je connais, s'inscrit dans la lignée de grandes figures mythologiques, les héros porteurs d'un handicap qui favorise leurs exploits, les amène à vaincre là où les autres ont échoué – l'historien des religions Georges Dumézil parle de « mutilation qualifiante », une faiblesse ou une infirmité de laquelle découlent des pouvoirs immenses : elle rend littéralement surhumain.

Odin est un dieu borgne – il a perdu son œil, mais a acquis en échange la capacité de mieux voir les douleurs de tous les humains. Il « sent » plus que les autres parce que deux corbeaux lui racontent tout ce qu'ils voient dans les neuf mondes. Dans le panthéon scandinave, il est doté, grâce à ses dons, de fonctions multiples – il est aussi bien le dieu de la victoire et du savoir que le patron des magiciens, des poètes et des prophètes.

Tyr, lui, est un dieu manchot qui a sacrifié sa main pour gagner la confiance d'un loup. Dans le panthéon germanique, il représente le droit, la justice, par opposition au désordre et à la malhonnêteté. Des qualités ô combien hypersensibles !

Je pourrais aussi citer le Celte Nuada, les Indiens Savitr et Bhaga... et puis les dieux des panthéons de nos adolescents et des enfants que nous savons encore rester, les héros des *comics*, des mangas, des bandes dessinées qui ont pris le relais. Obélix si fort, mais si timide et sensible, Nicky Larson en permanence submergé par ses émotions... Chacun à sa manière incarne une fragilité et, entre humour et fantaisie, te montre comment t'épanouir, non pas malgré ta sensibilité extrême, mais avec elle.

Le plus étonnant est qu'alors que ces héros nous touchent, revenus à notre quotidien, nous oublions ce qu'ils nous disent et nous nous sentons coupables de nos singularités.

Ne te restreins pas : même quand tu ne portes pas ton costume de Spider-Man, le « sens de l'araignée » reste en toi.

CE QU'IL FAUT RETENIR

• Sans une sensibilité extrême, les héros ne peuvent pas être de super-héros. Cette hypersensibilité explique leurs pouvoirs et leur aptitude à voir ce que les autres ne voient pas.

• Les aventures des super-héros sont les mythes d'aujourd'hui. Ils nous enseignent comment accomplir une tâche désormais essentielle : faire la paix avec notre hypersensibilité.

• L'hypersensibilité est une qualité majeure qui nous aide à faire face aux difficultés de notre vie et, de manière plus générale, à celles qu'affronte la société dans son ensemble.

EXERCICE

Ne te restreins pas dans ton hypersensibilité : elle est de l'or entre tes mains. En la rejetant, tu te prives de cet or.

Tu es timide ou bien tu es nerveux ? Cherche le pouvoir que recèle ce que tu appelles ton défaut.

En réalité, tu ressens avec une finesse particulière tout ce qu'il se passe quand tu es avec quelqu'un.

Au lieu de t'en vouloir, de t'enfoncer dans ta timidité ou ta nervosité, d'être hanté par elles, sors de toi et explore ces ressources qui te sont révélées.

Elles seront un prodigieux point de départ pour le déploiement de ta créativité.

25

AMOUREUX

Les quatre merveilles de l'hypersensibilité

Loin d'être un domaine réservé à quelques-uns, l'hypersensibilité est un état que tout être humain rencontre à un moment ou à un autre de sa vie : à l'occasion d'un deuil, d'une crise, d'une fragilité... ou encore lorsqu'il tombe amoureux. Brusquement, nous sommes là, complètement ouverts, à nu, réceptifs, trépignant d'impatience, de désir, d'enthousiasme, de peur, d'émotivité, de sensibilité démultipliée qui se superposent au bonheur, à l'angoisse, à l'entrain, à la crainte de ne pas être à la hauteur. Nous sortons du régime ordinaire et de son système de filtres régulateurs.

Être amoureux est une expérience extrême de l'hypersensibilité : l'amoureux, l'amoureuse est ébranlé(e), touché(e), électrisé(e), retourné(e), torpillé(e), déstabilisé(e) par un changement d'ordre, par une perte de ses repères qui le(la) dévie des rails habituels. La vie rayonne, elle sort de l'ordinaire, de la médiocrité. Brusquement, il, elle, voit se déployer en lui(elle) les quatre merveilles qui caractérisent tous les états hypersensibles. Et qu'il est dommage de ne pas explorer au moins une fois dans sa vie !

Merveille n° 1 : tu te sens pleinement vivant.
Tu as l'impression que, jusqu'à présent, tu ne faisais que semblant de vivre. Tu étais dans le gris ; d'un coup le monde s'ouvre à toi, coloré, chaleureux, vrai. Les barrages artificiels entre la raison, les émotions, le corps, les sens sont levés. Tout s'entrechoque, tu es juste vivant, tout est vivant autour de toi. Tu étais en hiver, tu découvres le printemps. Tu étais endormi, tu t'es réveillé. Un parfum, une silhouette, une musique, une phrase te transportent, tes pensées, des idées jaillissent et se bousculent. Tu es à l'affût et tu as raison, parce que tous les possibles sont à toi. Ta joie est intense.

Merveille n° 2 : tu es en lien à tout.
Tu es sorti de l'enfermement en toi-même, tu es libéré, tu t'ouvres au monde et ce sentiment d'extension de ton être est infini. Tu débordes sur l'univers entier. Tu marches dans la rue, tu sens la lumière et tu ne te contentes pas de la voir, elle te concerne, elle n'est pas un spectacle mais une amie qui te parle de l'être aimé. Tu croises un enfant sur sa bicyclette, il n'est pas seulement un enfant, c'est l'enfance même qui est là pour toi, qui te sourit, qui te bouleverse. Toutes les barrières que tu as érigées pour te protéger ont explosé, les œillères ont disparu. Ta sensibilité est en effervescence, tes antennes sont déployées, ton

cœur est dilaté, tout t'intéresse, tout t'émeut, tout te réveille, tout te bouscule. Tu es en hyperempathie, vibrant à chaque frémissement de l'autre. Déplacé par une présence continue à tes côtés, dans tes pensées, tu n'es plus dans un contrôle logique, intellectuel, cérébral de la réalité, mais dans un autre régime de présence au monde. Dans la routine de la vie ordinaire, la perte de contrôle te terrorise. Désormais, tu l'acceptes, tu la réclames, elle devient sublime. Tu n'as plus le sens des proportions : un mot anime, bouleverse ta journée. Dans *La Divine Comédie*, Dante raconte « l'amour qui meut le ciel et les autres étoiles ». C'est le côté poétique, presque magique de la dimension amoureuse, c'est aussi l'autre face de l'hypersensibilité.

Merveille n° 3 : ton cœur chante.
Et toi aussi tu chantes, tu chantonnes, tu as des choses à dire, tu as envie de parler même si c'est pour ne rien dire. Ton cœur déborde, tu te sens riche d'un trésor formidable, tu as envie de le partager. Tu es pris d'un besoin irrépressible de t'exprimer pour ne pas être écrasé par l'intensité de ce que tu vis. Tu sors de ta réserve et tu te laisses transporter. Sensible aux moindres détails, tu sors de la médiocrité ambiante, tu vois le monde plus beau. Tu es transi, tu es ému, tu es bouleversé, tu ressens, tu résonnes, tu es en empathie avec tout ce qui existe. Tout chante autour de toi et tu deviens toi-même un poème, un chant, une

célébration de l'existence. Tu es le Werther de Goethe affirmant : « En ces pensées je m'abîme, je succombe sous les puissances de ces magnifiques visions. » Une phrase qui parle d'amour, mais qui résume tous les éléments de l'hypersensibilité : on est submergé par les sentiments, abîmé par le trop-plein d'émotions, on succombe à la présence de l'autre, on est émerveillé. On est dans le trop...

Merveille n° 4 : le bonheur de pleurer.
Les larmes sont une vérité profonde, physique, organique, un savoir intime qui te rend vivant. Quand tu es amoureux, elles sont le débord de ton trop-plein d'émotions. Elles sont au-delà de la différence habituelle entre la joie et la tristesse, elles racontent l'amplitude de l'éblouissement que tu ressens et qui ne se dit pas en mots. Elles deviennent le signe de ta réconciliation avec toi, avec ton cœur. Ces larmes-là sont riches, elles sont pleines, elles sont intenses. Ne les écrase pas, ne te censure pas. Consens à elles, laisse-les jaillir : elles sont à la mesure des ailes que tu te sens pousser, de l'allant qui te meut. Elles font un bien fou.

L'état amoureux procure une force dont l'origine est le réveil de la vie en soi. Car tu es vivant, tu es relié, tu as envie de t'exprimer parce que tu sais que tu touches enfin quelque chose de vrai. Une énigme ne cesse de m'interpeller : pourquoi tout le monde aspire à être amoureux... et pourquoi, en même temps, se méfie-t-on de l'état jumeau qui est l'hypersensibilité ?

L'hypersensible a la chance de vivre en permanence avec les quatre merveilles. Ce n'est pas toujours confortable, certes, mais c'est tellement exaltant ! Reprends confiance dans cette intensité de l'existence. Tant d'autres passent toute leur vie à la chercher, y compris à travers les films romantiques, les romans, la poésie. Et toi, elle est tous les jours à ta portée, elle te fait tous les jours toucher le sublime.

Avec ces quatre merveilles, tu as un atout : tu sais accéder facilement au bonheur.

CE QU'IL FAUT RETENIR

• Il existe beaucoup de points communs entre l'état amoureux et l'état d'hypersensibilité.

• Ils ne sont pas forcément confortables, mais ils restent les états les plus merveilleux de l'existence.

• Être amoureux n'est pas un problème. Être hypersensible non plus.

• Ces deux états réveillent les quatre merveilles qui sont le sel de l'existence : ils sont beaux, vrais, vivants, justes.

EXERCICE

Tu peux, à chaque moment de ta vie, vivre des microdoses d'état amoureux qui te permettent de cultiver les quatre merveilles. Y compris avec un ou une amie dont tu n'es pas amoureux !

Accorde-toi quelques minutes pour sentir combien cette personne te touche, sans raison.

Tu as envie de lui dire que tu l'aimes, un mot tout simple, mais tu es intimidé.

Prends ton courage à deux mains et laisse parler ton cœur.

Autorise ton hypersensibilité à jaillir, même si cela te semble étrange, inconfortable.

Ta relation à toi et à l'autre en sera transformée.

Essaie, cela en vaut la peine.

26

SEXUALITÉ

*Explorer, découvrir, sentir :
la chance d'être hypersensible*

La sexualité est démesure. Je ne parle évidemment pas de la fiction de la pornographie où tout est faux, mais de la sexualité dans toute sa plénitude. Croire qu'elle peut s'accomplir en dehors du registre de l'hypersensibilité est une illusion : elle ne peut pas exister sans l'intensité de la plénitude, sans la confiance, sans l'acceptation par chacun de son humanité, de ses troubles, de ses vertiges, de ses émotions. De son hypersensibilité.

Pourquoi la sexualité est-elle à la fois troublante et délicieuse ? J'ai trouvé la plus belle réponse à cette question dans l'épopée d'Ulysse, le héros de la guerre de Troie.

Le retour chez lui à Ithaque, auprès de son épouse Pénélope, sera un long périple émaillé d'aventures extrêmes, magiques, étranges, des aventures où sont abolies les frontières entre les mondes, racontées par Homère dans l'*Odyssée*.

Suis-je hypersensible ?

L'une de ces étapes l'amène à Ogygie, la luxuriante île de la nymphe Calypso. Calypso est une reine d'une beauté absolue, à la mesure, ou plutôt à la démesure de la perfection de son île. Les dieux sont sous son charme, mais c'est d'Ulysse qu'elle s'éprend. Lui-même ne lui reste pas insensible et il prolonge son séjour à ses côtés. Le texte d'Homère l'évoque pudiquement : « Ils gagnèrent le fond de la grotte profonde où ils demeuraient ensemble et ils se livrèrent au plaisir. »

Ulysse est ébloui, ses sens sont comblés, mais il lui manque quelque chose : la profondeur de sa relation avec Pénélope. Il décide de partir. Calypso, qui l'aime, tente de le retenir. Elle est prête à lui offrir l'immortalité mais, malgré tout ce qu'il a connu entre ses bras, il rejette ce cadeau : « Pardonne-moi, royale nymphe, je sais moi aussi tout cela, je sais que la très sage Pénélope n'offre au regard ni ta beauté ni ta stature, elle est mortelle, tu ignores l'âge et la mort, et néanmoins j'espère et je désire à tout moment la retrouver chez moi et vivre l'heure du retour. »

Il renonce à un monde où tout serait aisé, facile, où ses sens seraient en permanence comblés. Il préfère continuer de vivre les troubles propres à tout hypersensible, l'intensité, la joie, les larmes, les chagrins, la rage, le trop. Il choisit le risque et la difficulté, la certitude de la mort, une femme

Sexualité

vieillissante. Cela peut, effectivement, sembler étonnant. Poursuivons l'histoire.

Des années plus tard, Ulysse rentre enfin chez lui. Il retrouve Pénélope. Elle n'a, en effet, ni la beauté ni les pouvoirs de Calypso. Mais à ses côtés il s'épanouit pleinement. Sa sexualité est comblée parce qu'elle se nourrit d'une dimension supplémentaire. Homère le raconte avec ses mots : « Lorsqu'ils eurent joui des plaisirs de l'amour, ils s'adonnèrent au plaisir de la parole, et chacun raconta à l'autre ses soucis. Elle prenait plaisir à l'écouter et ne s'endormit pas avant qu'il lui eût tout dit. »

Le choix humain d'Ulysse est celui de la profondeur de la relation, avec une histoire, avec des risques, avec le partage de ces risques. Il affirme la sexualité comme une dimension de l'existence qui va au-delà de la prouesse technique et qui mérite d'être reconnue. Une expérience hypersensible qui fait appel à toutes nos facultés, à toutes nos antennes : émotionnelles, intellectuelles et bien entendu sensorielles.

Ulysse aurait pu devenir dieu. Il a préféré rester humain pour vivre cette expérience, cette folie saine qui est la vérité humaine. Là où d'autres rêveraient de rencontrer leur Calypso, lui a compris que la sexualité est bien plus que Calypso : c'est une aventure, un risque qui surprend, déplace, bouscule, échappe au contrôle, un lieu de sincérité absolue, entièrement habitée, donc humaine plutôt que parfaite. Quand deux êtres font l'amour, le ciel et la terre se rencontrent.

Le récit d'Homère se situe à mille lieues de celui de nos médias qui ramènent la sexualité à quelques moments quantifiés, à des statistiques, à des moyennes. Sous sa plume, elle dépasse le corps, elle est aussi la parole qui s'appuie sur le corps et nous rend plus vivants, moins éthérés, moins abstraits. Elle devient un acte hypersensible par nature.

L'hypersensible sait, mieux que les autres, que son corps n'est séparé ni de son intelligence ni des émotions. Il sait tomber le masque, il ose s'aventurer dans l'inconnu, là où le champ fragmenté et chaotique du réel prend forme, se déploie, cesse d'être douloureux pour devenir palpitant, exaltant, à la mesure du trop qui bouillonne en lui.

L'étrangeté te déplacera en dehors du cadre connu. Tu t'abandonneras d'autant mieux que tu seras ancré dans la confiance, assis dans la sécurité.

N'aie pas peur de ton humanité, elle est un cadeau, une chance inouïe. Confie-toi à elle.

Sexualité

CE QU'IL FAUT RETENIR

• Autoriser son hypersensibilité à être est la condition d'une sexualité épanouie.

• La sexualité nous apprend à faire la paix avec notre hypersensibilité : quand on fait l'amour, être hypersensible, c'est génial !

• Dans son épopée, Ulysse nous donne une leçon magistrale : ne plus s'en vouloir d'être humain.

EXERCICE

Accepte de perdre pied.

Avec ton ou ta partenaire, prenez le temps d'explorer tous les rivages de votre intimité.

Confortez-vous dans la sécurité de la relation pour vous mettre à nu, au-delà des normes qui non seulement nous étouffent, mais nous empêchent surtout de faire confiance à notre corps, à notre sensibilité, à nos émotions, à notre inconscient.

Eux savent ce dont on a besoin pour s'épanouir.

27

MÉDITATION

N'en veux pas à la mer d'avoir des vagues

La première fois que j'ai médité, il y a presque trente ans de cela, j'ai senti que j'avais enfin le droit d'être. Je n'avais plus à réussir quelque chose, je n'avais même plus à me calmer, j'avais juste à me foutre la paix. Ce jour-là, je me suis senti autorisé à vivre mon hypersensibilité, à me laisser submerger par mes pensées, à être ému, à être en même temps triste et joyeux, à avoir mal au dos dans cette position inconfortable. J'étais dans une acceptation profonde et radicale de ma personne. Mon soulagement était immense. Sous la houlette de mon premier initiateur, Francisco Varela, et de grands maîtres tibétains, j'apprenais tout simplement à revivre.

Les années ont passé et je me suis laissé prendre par l'air du temps. Par une pratique qui se généralisait d'un autre mode de méditation. D'un seul coup, on ne m'a plus enjoint de méditer pour être moi, mais pour atteindre un état particulier de calme. Pour cela, il me fallait apprendre à regarder mes émotions, mes pensées supposées passer dans mon esprit comme un nuage qui traverse le ciel, jusqu'à ce que le ciel se dégage de tous les nuages. Mais mon ciel ne s'éclaircissait jamais. Méditer s'est transformé en une sorte de combat, mais je n'y arrivais pas – un hypersensible n'y arrive jamais. Plus je méditais, plus je me sentais mal. Plus je pratiquais, plus j'étais découragé. Ma vie se rétrécissait. Je m'en voulais de ne pas « réussir », je perdais confiance dans ce que j'étais.

J'en avais oublié que la méditation avait été capable de me soulager, de me faire oublier ma peur, de me faire toucher quelque chose de bien plus vaste que cette peur. J'étais complètement découragé. La méditation me faisait désormais plus de mal que de bien.

Mes interrogations, mes doutes, le temps, les hasards de l'existence m'ont plus tard amené à relire les premiers enseignements que j'avais reçus. Méditer, y était-il dit, c'est s'ouvrir inconditionnellement à ce que l'on vit, tel qu'on le vit. C'est un travail d'écoute et d'acceptation. C'est l'art de faire la paix avec sa sensibilité en la respectant, en lui donnant de l'espace, sans la juger, sans la rejeter, sans s'en vouloir.

Pourquoi avais-je perdu confiance en quelque chose d'aussi simple et choisi d'utiliser la méditation pour m'en vouloir, au fond, d'être hypersensible ? Je me suis souvenu qu'avec mes premiers maîtres, je ne regardais pas mes pensées comme

Méditation

un nuage, mais je m'autorisais à les sentir dans tout mon corps. Je ne me coupais pas de mon expérience ; au contraire, je m'en rapprochais jusqu'à devenir pleinement présent à elle, je me stabilisais à son contact.

J'ai choisi de renouer radicalement avec cet espace de méditation fait d'attention et de présence, où je ne m'en veux plus de mes faiblesses, où j'entre plus profondément en relation avec elles pour que surgisse la force. J'ai laissé tomber tout projet, tout objectif. J'ai recommencé à méditer.

Méditer, c'est se foutre la paix. C'est une attitude de bon sens qui nous permet de nous ancrer, d'être plus forts pour faire face à nos problèmes, pour transformer nos difficultés. Ainsi, aujourd'hui, j'ai été blessé par la réflexion désagréable d'un ami. Cet épisode m'obsède, je ne le comprends pas. Il ne me sert à rien d'essayer de « faire le vide dans ma tête » ni d'inspirer et d'expirer pour me contrôler : ma tête ne se « vide » pas par un effort de ma volonté. Par ailleurs, il est important de réaliser que le fait de ressentir ce que je ressens n'est pas une faute que je dois effacer. Quand bien même le serait-elle, je ne peux pas refouler cette émotion en me coupant d'elle parce que je ne suis pas un robot, mais un être humain avec ses affects, ses émotions, ses perceptions, sa subjectivité.

« Se calmer » est l'opposé d'« exploser ». Ce sont les deux seules voies qui nous sont présentées :

réprimer ma colère ou la laisser exploser. Mes maîtres m'ont transmis une troisième voie complètement différente. Elle consiste à me poser pour examiner ce que je ressens, comme avec un microscope. Il ne s'agit pas d'interroger ce ressenti, de le commenter, mais juste de l'explorer avec objectivité, dans une attitude d'ouverture et de bienveillance. Oui, j'ai été blessé et je ressens une émotion.

Je commence par accepter de ressentir cette émotion, même si elle n'est pas agréable. Puis je la cerne. Où est-ce que je la ressens corporellement ? Dans ma gorge, dans ma poitrine ? Je vais la questionner : quelle est sa texture, quelle est sa couleur ? Est-elle rouge ou jaune, pointue, aiguisée, chaude ? Je ne l'évite pas, au contraire, je m'approche au plus près de l'expérience que je vis, je la questionne, je vais sans crainte à sa rencontre au lieu de la fuir.

C'est ensuite que je réussirai à mettre un mot sur cette expérience. Est-ce vraiment de la colère ? Ou plutôt de la peur, de l'inquiétude ou une humiliation ? En avançant, je réalise que mon émotion m'écrase beaucoup moins. Je l'ai reconnue, je l'ai nommée, je l'ai acceptée, je l'ai autorisée à être. Elle ne me hante plus. Je suis déjà soulagé, je me sens mieux. Elle peut s'en aller.

Enfin, je reviens à ma présence corporelle, cette attitude fondamentale où je me fous la paix. Je suis ancré dans le sol, je m'autorise à être comme je suis. Pour m'aider à m'ancrer encore mieux, je peux sentir l'espace autour de moi, devant moi, ma respiration, le contact de mon corps avec le coussin ou la chaise – on peut très bien méditer sur une chaise si on le souhaite. J'ouvre mon champ de perception pour être dans le présent sans rester focalisé sur mon problème – qui souvent n'en est déjà plus un.

La méditation n'est pas introspection. Elle ne consiste pas à réfléchir, mais à sentir. C'est ensuite que je verrai comment agir. En parler à cet ami ? En lui disant la colère que j'ai ressentie ? En tournant la page ? Il me fallait d'abord entendre ce que me dit cette colère…

L'hypersensible qui ressent en permanence des émotions intenses n'est pas coupable de ne pas être calme. Il ne peut pas se forcer à se calmer. Sa sensibilité n'est pas une tare, mais une ouverture au monde extraordinairement féconde. Ses émotions ne sont pas des fardeaux, mais des cadeaux qui le mettent en lien avec le monde, avec les autres. Or le modèle de méditation qui est aujourd'hui véhiculé nous nie dans notre être et peut être extrêmement dangereux. Ses conséquences sont, en tout cas, désastreuses.

Je reçois souvent, lors des stages que j'anime, des rescapés de la méditation : ils ont été abîmés par elle parce qu'ils, elles, se sont coupé(e)s de leur expérience au lieu de l'explorer. Je les comprends d'autant mieux que j'ai moi-même traversé cette épreuve. Des thérapeutes viennent aujourd'hui encore me raconter les ravages d'une certaine pratique en conscience qui ne réussit qu'à couper les individus de leurs émotions : à force de vouloir être calmes, ils mettent sous le tapis, cachent, dissimulent leurs problèmes. Ces derniers ne disparaissent pas pour autant : ils continuent de les travailler, ils se transforment en obstacles.

J'avais accueilli dans le cadre d'un séminaire une entrepreneuse qui avait vendu sa société deux mois plus tôt et ne s'en remettait pas. Elle en était devenue une salariée et elle croyait avoir commis une erreur. Je l'ai accompagnée pour méditer sur ce qu'elle ressentait. Je l'ai aidée à ausculter son dépit, son angoisse, ses craintes. Elle leur a fait face, elle les a interrogés. Elle a compris qu'elle ne regrettait pas cette vente ni son nouveau statut, mais le binôme qu'elle avait formé avec son associé. Il fut un temps où ils se parlaient tous les jours, prenaient les décisions ensemble, recevaient ensemble les bonnes et les mauvaises nouvelles. Elle était seule aujourd'hui. Ce qui lui manquait, c'était ce binôme et rien d'autre.

N'en veux pas à la mer d'avoir des vagues, ne sois pas en colère contre le vent parce qu'il souffle, ne cède pas à la déception si les arbres poussent : voilà ce que m'apprend la méditation. Aime la vie.

Méditation

CE QU'IL FAUT RETENIR

• Toute forme de méditation, et plus amplement toute technique, toute approche qui t'amènerait à en vouloir à tes émotions et à te sentir coupable de les éprouver, ne t'est sans doute pas bénéfique.

• Quelle que soit la voie que tu choisis, elle doit impliquer de te réconcilier avec toi-même, de faire la paix, de vivre ce que tu es, d'embrasser tes émotions, tes contradictions.

• Méditer, vivre, ce n'est pas se calmer, c'est se foutre la paix.

EXERCICE

Se foutre la paix est la porte d'accès à toute forme de méditation.

Abandonne l'idée que tu vas pratiquer et assieds-toi sur ta chaise ou sur ton coussin. Reste ouvert à tout ce qu'il se passe. Tu es enfin disponible.

Tu entends, tu vois, tu as des tensions dans ton corps, tu es peut-être en colère ou tu as de la peine.

Ne lutte pas.

Dis bonjour à tout ce que tu perçois, à tout ce que tu ressens et qui a le droit d'être.

Entre doucement dans cette expérience, prends le temps qu'il te faut, écoute-toi.

Si des jugements surviennent – « je n'y arrive pas », « j'ai envie de faire autre chose » –, reconnais simplement que c'est cela qui se passe là, maintenant, pour toi.

C'est cela la pratique.

Ces quelques minutes t'ont ouvert à la réalité de ce que tu es.

28

ART

Le trop qui fait du bien

J'avais treize ou quatorze ans quand mon père a reçu un cadeau qui l'a étonné : deux billets pour un concert de musique classique. Il n'était pas particulièrement porté sur l'art ni sur la musique, ces domaines lui semblaient réservés à un public cultivé, connaisseur, différent, à part. L'idée de se retrouver avec cette élite dans une salle de concert lui paraissait saugrenue.

J'ignore ce qui m'a poussé à lui demander d'y aller. Je n'avais jamais écouté de musique classique, je savais que mes parents étaient très pris par leur travail, mais je sentais qu'il fallait absolument que j'y aille. Mon insistance a suffi : il a accepté.

Ce soir-là, dans la salle qui était effectivement très belle, j'ai beaucoup pleuré. Dès que les premières notes ont jailli, j'ai eu l'impression que la musique se déversait dans mon cœur. Je comprenais, sans savoir comment ni pourquoi, ce qu'elle disait. J'étais bouleversé jusqu'au plus profond de mon être. Chaque silence, chaque note, chaque envolée de l'orchestre réveillaient en moi et exprimaient bien mieux que moi des émotions auxquelles j'avais rarement eu accès avec autant de vérité. J'étais emporté par ce mouvement qui me poussait à ressentir encore plus profondément, à vibrer comme je n'avais jamais vibré. À côté de mon père, au milieu de tous ces inconnus, j'étais autorisé à expérimenter un trop qui, pour une fois, me faisait du bien, donnait une forme, une figure à ce que je ne parvenais pas à identifier ni à exprimer. Je me déployais, j'étais heureux.

Après cette expérience inouïe, j'ai osé pousser tout seul la porte d'un musée. J'adorais dessiner, mais mon absence de culture artistique avait été jusque-là un frein à mon enthousiasme. Je n'ai pas regardé les tableaux en expert, mais mon cœur s'y retrouvait : devant ces visages, ces attitudes qui exprimaient le chagrin, la joie, la peur, l'inquiétude, je me retrouvais. Je les reconnaissais : ils donnaient droit à ces sentiments que je ressentais. Ils les sublimaient.

J'avais vingt-sept ou vingt-huit ans quand j'ai été invité à enseigner la méditation à Londres. La session s'étalait sur plusieurs jours et les organisateurs m'avaient logé chez un historien de l'art. John Steer avait plus de soixante-dix ans et une longue carrière derrière lui. J'avais commencé à fréquenter les musées, mais j'étais loin d'être un connaisseur. Un après-midi, il m'a proposé de l'accompagner à la National Gallery.

Steer avait certainement consacré des heures d'enseignement à chaque tableau qui était exposé. Pourtant, il s'arrêtait devant chacun comme s'il le voyait pour la première fois. Je pensais qu'il m'aurait expliqué les techniques. Il ne me parlait que des images qu'évoquaient les toiles. Et il m'invitait à les regarder.

J'étais jeune et pas très bien dégrossi : j'ai osé une question que je ne poserais jamais aujourd'hui. Je lui ai demandé quel était le plus beau tableau du musée. Il ne s'est pas laissé décontenancer et m'a conduit devant une toile de Titien, *Noli me tangere* [Ne me touche pas], représentant le Christ et Marie-Madeleine. J'étais stupéfait : nous étions au milieu de chefs-d'œuvre, et il me désignait l'un des tableaux que je trouvais les moins intéressants, les plus mal peints. Ma déception s'était sans doute lue sur mon visage, alors il m'a expliqué : le paysage qui était ici réel, l'arbre qui était un vrai arbre, l'espace qui prenait vie, et puis l'étonnant geste du Christ qui, tout en disant à Marie-Madeleine de ne pas le toucher, l'enveloppait avec tendresse, l'accueillait. Ce tableau s'est métamorphosé. Devant ce Titien, je vivais l'un de mes plus grands chocs artistiques.

Pendant des années, j'ai continué d'aller à Londres pour accompagner John Steer dans les musées. À ses côtés, j'apprenais à regarder les toiles à neuf, à partir à l'aventure avec ce que je voyais, ce que je ressentais, à me transformer par le seul fait de regarder un tableau. Il ne m'apprenait pas l'histoire de l'art que j'ai ensuite étudiée à l'université, mais la manière dont je pouvais m'appuyer sur ma sensibilité pour avoir accès aux plus grands trésors de l'humanité.

Je suis consterné quand je réalise à quel point notre rapport à l'art est devenu abstrait, intellectuel. Il y est question de culture, de savoirs, de discours, jamais d'éducation à la vie, d'émotions, de sentiments. Pourtant, une œuvre d'art est un médicament ! Aristote fut l'un des premiers à l'affirmer.

Il est parti d'un fait surprenant : au sortir d'une représentation de théâtre, de musique – on y ajouterait aujourd'hui d'une séance de cinéma –, il constatait que les spectateurs allaient beaucoup mieux : ils gagnaient en joie de vivre, en allant, en enthousiasme. Aristote a ainsi développé sa théorie de « la purgation des émotions ».

Toute œuvre, dit-il, a une valeur cathartique au sens premier du terme – la *catharsis* des Grecs désigne l'action de purger, de nettoyer, de purifier. Dans *La Poétique*, il décrit les individus « enthousiastes, possédés », que l'on qualifierait aujourd'hui d'hypersensibles, et « qu'on voit se calmer sous l'effet des mélodies sacrées, chaque fois qu'ils ont recours aux mélodies qui jettent l'âme hors d'elle-même, comme s'ils avaient rencontré là remède et purge ».

Dans *Politique*, il va plus loin : « Rien n'est plus puissant, écrit-il, que le rythme et les chants de la musique pour imiter aussi réellement que possible la colère, la bonté, le courage, la sagesse même et tous ces sentiments de l'âme, et aussi bien tous les sentiments opposés à ceux-là. Les faits suffisent à démontrer combien le seul récit des choses de ce genre peut changer les dispositions de l'âme. »

Héritiers de cette théorie, Jung et Freud parleront de « sublimation », empruntant ce terme à la chimie où il désigne le processus par lequel un corps solide se transforme directement en corps gazeux sans passer par l'état liquide. En psychanalyse, ce processus, qui s'incarne notamment dans les arts ou encore dans les pratiques religieuses, ouvre la voie à une valorisation des émotions plutôt qu'à leur étouffement : elles deviennent plus légères, elles ne nous pèsent plus, elles ne nous mettent plus en danger. Elles ont le droit d'être.

L'hypersensible est toujours dans la crainte d'être emporté par ses émotions, débordé par elles. L'art lui permet de les reconnaître, de leur donner place, de les accepter, de les libérer. Il lui signifie que la douleur, les angoisses, le chagrin ont leur noblesse et sont inscrits dans le contrat de la vie. Une musique, un tableau, un film ont le pouvoir de nous saisir et de nous transformer en sublimant nos émotions en harmonie.

Je rêverais d'un musée où les visiteurs seraient dotés de casques numériques qui n'inviteraient pas, comme c'est le cas, à recevoir de manière passive des informations à comprendre, mais les guideraient dans une véritable expérience. Les amèneraient vers le choc qui transforme l'être par la jubilation. Leur apprendraient des choses aussi, car le savoir n'est pas seulement intellectuel, il est d'abord sensible.

C'est ce que martelait Hannah Arendt, qui avait fait scandale à son époque en décrétant qu'il est « aussi utile, aussi légitime de regarder un tableau en vue de parfaire sa connaissance d'une période donnée, qu'il est utile et légitime d'utiliser une peinture pour boucher un trou dans un mur ». Incriminant « le mot même de culture » d'être « devenu suspect », elle rappelait que « la plus importante et la plus fondamentale qualité » d'une œuvre est de « ravir et émouvoir le lecteur ou le spectateur par-delà les siècles ». Elle avait tellement raison...

Quand tu vas dans un musée, n'essaie surtout pas de tout voir ! Cherche le tableau qui t'interpelle, qui te touche. Accorde-lui le temps de te toucher. C'est beaucoup plus simple que tu l'imagines. Tu hésiteras peut-être au début parce que tu n'oseras pas, parce qu'on t'a appris à compter, à penser, à être logique, mais jamais à sentir.

Art

Effectue le premier pas, écoute ton cœur, tu seras surpris de voir que c'est si facile.

Même ton chagrin, même ta colère, t'emmèneront dans un espace infini où tu feras enfin la paix avec toi, avec l'humanité.

CE QU'IL FAUT RETENIR

• Une œuvre d'art, quelle qu'elle soit, n'est pas là pour nous cultiver, mais pour nous faire du bien.

• Le pouvoir cathartique de l'art avait interpellé Aristote et a par la suite été repris par Jung et Freud. L'œuvre nous permet de faire la paix avec notre sensibilité en lui donnant forme.

• L'art nous autorise à donner place à nos émotions, à les reconnaître, à les accepter.

• L'hypersensibilité est une qualité majeure qui donne accès à l'art du monde entier.

• Il n'y a pas d'émotion ni de difficulté qu'une œuvre d'art ne puisse transformer.

EXERCICE

Effectue le premier pas, pousse la porte d'un musée.

Ne te laisse impressionner ni par le public ni par les œuvres.

Choisis l'une des moins connues pour éviter l'affluence autour de toi. Et autorise-toi à t'immerger dans ce que tu vois.

Ici, une coupe de fraises qui te rappelle ta grand-mère.

Là, un geste de tendresse que tu n'oses pas t'accorder, un regard bienveillant, une colère, un appel à l'action.

Évade-toi pour vivre une expérience d'ouverture, une expérience plus simple que tu l'imagines, mais profondément vraie.

29

LA PRINCESSE AU PETIT POIS

Pourquoi assumer sa vulnérabilité

Il était une fois un prince qui voulait épouser une « vraie » princesse. Il avait parcouru la terre entière, rencontré des dizaines de princesses, mais aucune ne lui semblait être « vraie ».

Après ce long voyage, il était rentré chez lui, très triste et sans fiancée.

Une nuit d'orage, quelqu'un frappa à la porte du château. Il était tard, les serviteurs étaient déjà couchés, le vieux roi descendit lui-même ouvrir. Devant lui se tenait une jeune fille. Elle était trempée, ses cheveux ruisselaient, l'eau entrait même dans ses chaussures et sortait par les talons. Il fut horrifié par ce spectacle. Et avec ça, elle prétendait être une vraie princesse qui demandait l'hospitalité. Il la laissa entrer.

Dès les premières lignes, ce conte, publié par Andersen alors qu'il n'avait que trente ans, est riche d'enseignements. D'abord, et nous l'oublions très souvent, il ne faut pas se fier aux apparences. Au cours de ses voyages, le prince avait vu bien des princesses habillées d'or et d'argent, mais aucune n'avait réussi à le convaincre de son authenticité.

Face à cette jeune fille qui frappe de nuit à la porte du château, trempée, sale, seule, le vieux roi a la sagesse de ne pas fermer la porte. Tout être, au fond de lui, est peut-être une vraie princesse, parce que chacun possède en lui la capacité d'être en harmonie avec son humanité profonde. L'hypersensible semble parfois tellement perdu, tellement troublé, qu'il, elle, donne l'impression d'être à côté de son humanité. On est surpris de son étrangeté, elle peut même faire peur. Il faut regarder au-delà des apparences.

La reine, la mère du prince, rejoint son mari. Elle écoute à son tour le récit de la jeune fille et lui propose l'hospitalité. Elle se dit une vraie princesse ? La reine, qui développe un regard profond sur la réalité, lui prépare elle-même un lit pour la nuit. Elle retire toute la literie, dépose un petit pois sur le sommier et le recouvre de vingt matelas, puis de vingt édredons.

Au matin, la reine demande à la princesse comment s'est passée sa nuit. La jeune fille a les traits tirés. Elle remercie gracieusement ses hôtes pour leur hospitalité, mais elle leur avoue ne pas avoir fermé l'œil : « Dieu sait ce qu'il y avait dans ce lit. J'étais couchée sur quelque chose de si dur que j'en ai des bleus et des noirs sur tout le corps ! » Une peau aussi sensible, dit la reine, ne peut être

La princesse au petit pois

que celle d'une vraie princesse. Le prince, enfin comblé, l'épousa. Le petit pois, dit-on, est toujours exposé dans le cabinet des trésors du royaume.

Mon filleul, à qui je racontais cette histoire pour le réconcilier avec sa propre hypersensibilité, avait été déconcerté : suffit-il d'être sensible pour devenir une vraie princesse ? La réponse est évidemment oui, et à plus d'un titre. Une vraie princesse porte une vraie noblesse. Que signifie ce mot ?

D'abord, la vraie noblesse est la capacité d'être au monde, de ressentir le monde au lieu de rester enfermé en soi comme dans une tour d'ivoire. Cette faculté est décuplée chez les hypersensibles.

La vraie noblesse est aussi la capacité d'être soi plutôt qu'en représentation permanente de soi. Une fausse princesse, qui est dans la vanité, se serait séchée et apprêtée avant de frapper à la porte du château, avec une escorte forcément. La vraie princesse n'a pas besoin de porter un masque : même sale et trempée, elle reste une princesse.

Une fausse princesse ne se serait pas non plus autorisée à sentir le petit pois sous les vingt matelas et les vingt édredons, et quand bien même l'aurait-elle senti, au matin, elle aurait essayé de faire bonne figure au lieu de dire sa vérité. La vraie princesse, elle, n'a pas eu besoin de s'engoncer dans son rôle. Elle sent le petit pois comme elle sent la souffrance du monde que symbolise le petit

Suis-je hypersensible ?

pois, à laquelle elle est ouverte et sensible. Son aveu de faiblesse devient le signe de sa noblesse.

Cette leçon, il nous faut l'entendre. La vraie princesse est singulière, différente de toutes les autres jeunes filles qu'avait rencontrées le prince. Elle n'en tire aucun orgueil parce qu'elle s'assume telle qu'elle est, avec son hypersensibilité.

Ne te laisse pas tromper par la trame conventionnelle de ce merveilleux conte qui s'achève par le mariage du prince et de la princesse. Il raconte aussi la force et le courage des hypersensibles qui échappent aux normes et ne font rien comme tout le monde.

Admire cette princesse atypique, si sensible, qui n'a pas peur d'affronter la tempête quand tous les autres sont à l'abri chez eux, et qui a le courage de frapper à la porte d'un château inconnu pour y demander l'hospitalité ! C'est une femme libre et déterminée. Elle ne se laisse pas tromper par les apparences : elle se présente comme elle est. Elle est forte : elle accomplit seule toutes les étapes du héros jusqu'à triompher de l'épreuve finale – l'épreuve du petit pois. C'est elle le moteur de l'histoire, et non le prince.

Ton hypersensibilité est ton levier.

La princesse au petit pois

CE QU'IL FAUT RETENIR

• L'hypersensibilité est la part de noblesse inhérente à tout être humain. Elle est un trésor à cultiver.

• L'hypersensibilité se présente parfois comme un état bizarre, étrange, inquiétant. Soyons comme le roi et la reine qui regardent au-delà des apparences, dans une attitude d'accueil. C'est là qu'ils découvrent le trésor, la vraie princesse qui est en toi.

• Il est important d'accepter sa part de vulnérabilité, de ne pas avoir honte de ce que l'on éprouve, de ce que l'on ressent. C'est ainsi que s'ouvrent les portes des extraordinaires châteaux.

EXERCICE

Les conventions sociales t'ont appris à taire, à étouffer tes émotions. Il est temps de réapprendre à les exprimer.

Ose dire que tu es énervé, que tu es ému, que tu es touché.

Mais dis-le comme la princesse : avec simplicité et délicatesse, tout t'est autorisé.

30

PROIE

Dans la vraie vie, les vampires existent

L'hypersensible est une proie idéale pour les prédateurs : il a bon cœur, il est ouvert, il est sincère, il fait confiance, partage ses émotions sans calcul, sans chercher à se protéger. Bien sûr, grâce à ses antennes surdéveloppées, il détecte à distance les violents, les méchants, les agressifs. Mais il y a un type de prédateur qu'il ne repère pas parce qu'il a du mal à voir son côté pervers : le vampire.

Dans la vraie vie, le vampire existe et il est redoutable. Il n'est pas l'individu froid, normé, dur avec qui les contacts sont d'emblée formels et distants tout en restant généralement dans les limites de la courtoisie. Celui-là est certes déstabilisant, mais il n'est pas en chasse, il n'est occupé que par l'apparence de lui-même. Le vampire n'est pas non plus le manipulateur ordinaire et intéressé qui cherche uniquement à se débarrasser d'une tâche ou d'un dossier compliqué et auquel l'hypersensible, dans son envie de toujours mieux faire, ne sait pas dire non.

Suis-je hypersensible ?

Le vampire, lui, est d'une autre trempe. Il sait faire la cour sur la durée, offrir chaleur et intimité, mettre en confiance. Il tisse sa toile autour de la proie qu'il s'est choisie. Hyperempathique, l'hypersensible tombe dans le panneau : parce qu'il est incapable d'abuser d'un autre être, il ne peut pas imaginer que quelqu'un puisse le faire.

On appelle couramment le vampire un « pervers narcissique ». Mais cette appellation est maladroite. Car ce pervers-là n'a rien d'un Narcisse : il ne s'aime pas. Il est d'ailleurs dans une telle ignorance de lui-même et de son monde intérieur qu'il est incapable d'entrer en rapport avec ses propres conflits et ses propres ressources. Il est coupé de lui-même et a besoin de se nourrir de l'autre : de ses émotions, de sa sincérité, de sa capacité de toucher son cœur, de se mettre à nu, d'être sincère. Il le dévore, il se rassasie de lui, vivant ainsi par procuration ce qui lui manque. Ce pervers-là est vampirique. Il a, comme le décrit Sartre dans *Huis clos*, « besoin de la souffrance des autres pour exister ».

L'un de mes amis a été la proie d'un vampire : son compagnon. L'étau avait très vite commencé à se resserrer, mais vu que cet homme lui disait en même temps qu'il était son prince, mon ami s'en voulait de se sentir à l'étroit, de se méfier. Il l'avait coupé de ses amis et même de ses connaissances. Il jouait avec lui au chat et à la souris, créant une tension dans leur relation, profitant de ce que mon ami pouvait lui apporter, puis le rejetant brutalement en instillant le doute en lui, lui donnant l'impression d'être coupable sans pour autant savoir quelle faute il avait commise.

Mon ami était sous le joug de son compagnon, et celui-ci le dévalorisait. Il avait compris son besoin d'affection, de reconnaissance et de vérité et il s'en amusait. Il l'utilisait, se rassasiait de la vie en lui, mais il le laissait sans vie, sans forces pour se reconstruire. Il alternait flatteries et critiques, et mon ami avait peur de le perdre. Le vampire le poussait à être sincère, lui ne l'était pas. Il le trompait avec un autre homme. Malgré tout, mon ami restait dépendant de ce compagnon, de son regard, de ses sourires, de cette relation dans laquelle tout était faux. Certains jours, il étouffait. Cette relation lui faisait d'autant plus de mal qu'il était persuadé d'être le seul fautif. Il n'avait plus confiance dans ce qu'il était.

Il n'était plus qu'une proie : son vampire avait toujours besoin de plus de sang, de plus de vie pour se rassasier. Il jubilait certainement de voir mon ami souffrir. C'est ainsi que tous les vampires se sentent bien, se sentent forts. Ne pouvant prendre le risque de rencontrer l'autre dans la dimension d'amour, d'intimité, qui repose sur une mise à nu impossible pour eux, ils se réjouissent du rapport de contrôle, de domination de l'autre.

Suis-je hypersensible ?

Mon ami était devenu une loque ; il se sentait glisser dans la folie. Il fut un temps où il avait été en rapport au mouvement de la vie, dans la profusion de la vie. Le vampire, coupé de la vie, avait abîmé la vie. Il se vengeait à travers sa victime qui s'est réveillée trop tard, quand elle était presque en train de mourir. Après leur rupture, dont il avait fini par prendre l'initiative, mon ami a plongé dans une profonde dépression. J'ai l'impression qu'il ne s'en est jamais vraiment remis. Le vampire l'avait vidé de tout son sang.

L'hypersensible doit prendre conscience de l'existence des vampires : c'est une leçon fondamentale, ils sont trop dangereux pour lui. Ce n'est évidemment pas une raison suffisante pour vivre dans la méfiance – l'hypersensible en est d'ailleurs souvent bien incapable, sinon au prix d'une souffrance qui lui coupe les ailes. Néanmoins, le mode de fonctionnement des vampires, leur système de chasse, leur volonté d'instrumentaliser lui sont tellement étrangers, son besoin, son envie d'aider est si forte qu'il lui faut redoubler de vigilance.

La compréhension du phénomène t'en délivre. Quand tu vois se tisser autour de toi un lien de dépendance, quand tu commences à te sentir coupable, en faute parce que la relation trébuche, cela signifie que la relation n'existe pas.

Il n'y a pas de relation possible avec un vampire. Et il n'y a qu'une solution pour toi : t'en

Proie

aller. Le vampire est lâche : face à la force, il n'essaie pas de résister.

CE QU'IL FAUT RETENIR

• Les hypersensibles sont plus facilement la proie des vampires parce qu'ils ont des qualités : ils sont empathiques, à l'écoute, ils veulent aider. Le vampire utilise ces qualités pour créer un lien de dépendance.

• Le vampire se nourrit du sang de sa proie. Il lui ôte tout élan vital et la détruit.

• Les vampires ont des techniques de chasse et sont faciles à repérer.

• Si dans une relation j'ai mal au ventre, je suis tendu, je n'arrive plus à dormir, je m'en vais.

EXERCICE

Si tu es pris dans l'étau d'un vampire, tu as besoin d'une aide pour t'en libérer, un tiers qui amènera son regard objectif dans ce processus où tu n'arrives plus à rien voir : tu ne sais plus qui est fautif, tu es dans une confusion qui te coupe de la vie.

Qu'il s'agisse d'un thérapeute ou d'un ami, expose-lui les faits et écoute ce qu'il te dit.

31

NARCISSE

*As-tu vraiment rencontré
ton hypersensibilité ?*

J'ai consacré des années de recherches et plusieurs ouvrages[1] à Narcisse, le mythe majeur de notre temps. C'est aussi le mythe le plus méconnu et le plus malmené.

Narcisse est devenu le nom d'une faute : celle qui consiste à être trop centré sur soi. C'est, de toute évidence, une erreur de diagnostic. Les narcissiques seraient légion, nous dit-on. Faux ! Si nous souffrons aujourd'hui, c'est d'abord parce qu'en cette période de domination des normes, nous ne sommes pas assez narcissiques et vivons, au contraire, dans une méconnaissance très profonde de nous-mêmes. Si j'appelle au retour de Narcisse, c'est parce qu'il est l'antidote de cette violence sociale qui nous met à terre.

Que nous raconte ce mythe ?

---

1. *Sauvez votre peau, devenez narcissique*, Flammarion, 2018. *Narcisse n'est pas égoïste*, Flammarion, 2019.

Suis-je hypersensible ?

Narcisse est le fils d'une nymphe. Il grandit sans jamais s'être vu – il vit dans une profonde ignorance de sa nature. Il est très beau, dit la légende, mais il ne le sait pas. Dans la mythologie, la beauté n'est pas seulement celle du corps, mais aussi celle de l'âme, celle de l'être. On peut en déduire que Narcisse est « une belle personne ». Il ne s'en doute pas. Beaucoup parmi nous sont dans ce cas : on leur dit qu'ils sont beaux ou belles, ce qui est objectivement vrai, mais ils ne le savent pas, ils n'y croient pas, ils refusent ce qu'ils considèrent être un faux compliment. En fait, toi seul peux appréhender ta propre beauté dans une rencontre intime, profonde et sincère avec toi.

Tous ceux, hommes et femmes, qui croisent le chemin de Narcisse tombent amoureux de lui, mais Narcisse ne répond pas à leur amour. Désespéré, Ameinias se donne la mort par l'épée. La nymphe Écho se laisse dépérir jusqu'à ce qu'il ne subsiste d'elle que sa voix. C'est aussi le drame de l'hypersensible qui ne s'est pas accepté : dans l'ignorance de lui-même, de son mode de fonctionnement, il a du mal à entrer en relation sincère et profonde avec les autres.

Un jour, au retour de la chasse, Narcisse se penche par hasard sur une source et voit pour la première fois son reflet dans l'eau. Il se découvre : c'est le choc de la rencontre. Un journaliste qui m'interviewait à la radio autour du mythe de Narcisse m'a fait part, en direct, de son scepticisme : il y a partout, m'a-t-il dit, des sources et des étendues d'eau, il est donc

Narcisse

absurde que Narcisse ait passé toute son enfance et son adolescence sans se voir. J'ai été étonné de son étonnement : je connais tant de personnes qui ne se sont jamais vues ! J'ai une amie en très grande souffrance, mais elle ne le sait pas ; elle fonctionne en mode robot, comme une machine. J'ai un collègue excessivement dur, cassant, méprisant, mais il ne le sait pas ; il ne s'est jamais vu. Il se croit génial et pense que ses collègues sont incompétents. Je pourrais aligner ainsi les exemples...

Narcisse tombe amoureux de l'être qu'il voit dans le reflet de l'eau. Mais il ne s'est pas encore rencontré. Il voit la beauté sans savoir que c'est la sienne. On avance aujourd'hui un peu trop hâtivement que Narcisse est tombé amoureux de lui-même ; en fait, il ne s'est pas reconnu et il est déconcerté. C'est la première étape du chemin de la découverte de soi : tu vois quelque chose, mais tu ne sais pas que c'est toi. Elle peut être dangereuse si l'on ne va pas plus loin.

Narcisse tombe amoureux de cette beauté qu'il a vue sans se douter que c'est la sienne, il voudrait la saisir, ne plus faire qu'un avec elle. C'est une erreur fatale que tu risques de commettre si la rencontre avec toi se transforme en volonté de maîtrise de soi. Mais le jeune homme parvient à dépasser cette étape. Il se reconnaît, touche à une forme de jubilation merveilleusement mise en scène dans le mythe : il se métamorphose aussitôt en une fleur de narcisse, la première fleur du printemps, symbole du renouveau, symbole de la vie. Quiconque a eu la chance de voir un champ de narcisses ne peut qu'être saisi par cette splendeur de l'éclosion de la vie qui avait certainement subjugué les Anciens. Si être narcissique était une faute, les Grecs n'auraient certainement pas nommé Narcisse ainsi. Ils lui auraient choisi un autre nom, plus sombre, plus terrifiant. Or ils ont opté pour le nom de la renaissance.

En se rencontrant, Narcisse renaît. Désormais libre de lui-même, il s'ouvre aux autres et au monde. L'acceptation de soi est un éclair qui le foudroie. Le retournement est immédiat. Tant que tu ne t'es pas accepté, tu es malheureux, tu t'en veux, tu te caches derrière un faux self, à l'écart de toi-même, dans une profonde ignorance de toi-même, dans une profonde étrangeté à toi-même, parce que tu ne comprends pas ce qu'il t'arrive et pourquoi tu ne réponds pas aux normes communes que tu vois autour de toi, dans ta famille, à l'école, dans la vie. Ce que l'on te présente de la vie en société, de la vie en relation, ne correspond pas à ce que tu vis, à ce que tu ressens. Ça ne te ressemble pas. Tu sens ce que les autres ne sentent pas, tu es bouleversé par ce qui ne les touche pas, tu t'en veux puis tu te rejettes. Tu vois des menaces autour de toi, mais la seule vraie menace est l'ignorance profonde dans laquelle tu es de toi-même.

On nous a dit que si nous nous rencontrons, si nous explorons ce que nous sommes, nous serons enfermés dans le labyrinthe de l'ego. La réalité est que je suis perdu dans ce labyrinthe tant que je ne sais pas qui je suis, où je suis. Tant que je ne suis pas narcissique.

Après le retournement, dès que j'ai osé regarder sous ma carapace et me rencontrer, je trouve l'issue de ce labyrinthe. Je découvre que j'ai de la force. Beaucoup de force. À partir de là, je peux passer à l'étape suivante et assumer ce que je suis.

Quand tu es qui tu es, quand tu assumes ton hypersensibilité, ta singularité, tu es libéré. Autour de toi, tout devient plus simple, plus léger. Tu as enfin touché un sentiment de paix.

CE QU'IL FAUT RETENIR

- Se connaître, se reconnaître, s'apprécier n'est pas une faute : la rencontre avec soi est la condition de l'éclosion de la vie.

- À partir du moment où je vais pouvoir voir la beauté en moi, la beauté de mon hypersensibilité, je peux enfin rencontrer l'autre.

- En explorant ce que tu es, tu te libères du labyrinthe de l'ego.

- Narcisse est le nom de la renaissance, pas celui de l'égoïsme.

EXERCICE

« Puissé-je être en paix,
Puissé-je être heureux,
Puissé-je connaître le bonheur. »

Autorise-toi à dire ces trois phrases. Tous les jours, en marchant pour aller au travail, dans les transports, où que tu sois, répète-les.

Au début, cela te semblera impossible, grossier, maladroit, égoïste.

Accepte ces pensées ; au lieu de rester prisonnier d'elles, tu vas les reconnaître comme de simples jugements issus de ton éducation, de ton formatage social, mais qui n'ont aucune raison de s'imposer à toi.

Autorise-toi à répéter ces trois phrases et à éprouver toutes les émotions qui les accompagnent.

Avec le temps, tu vas doucement développer un sens de paix réel et apprendre à te connaître.

Tu déplaceras la puissance de ces pensées qui, depuis des années, ont phagocyté ta vie.

32

SUBLIME

Exalté, transporté :
au cœur de l'expérience de l'hypersensibilité

La relation des hypersensibles à la beauté est très particulière, déconcertante pour eux et pour ceux qui vivent avec eux. C'est comme s'ils n'étaient plus seulement dans le trop, mais dans l'infini.

La beauté dont je parle n'est pas cet ersatz ordinaire, standardisé, qui est la règle aujourd'hui. Elle est le sublime qui a la capacité de bouleverser, de soulever, d'enthousiasmer.

« Sublime » est un mot aujourd'hui tellement galvaudé qu'il a perdu tout sens. Dommage, parce que l'Occident a mis des siècles à le forger en ce qu'il décrit : l'expérience hypersensible. Issu du latin *sublimis*, signifiant haut, élevé, ce mot a une belle histoire qui mérite d'être racontée.

Autour du Ier siècle de notre ère, du temps de Tibère, un auteur anonyme lui consacre un ouvrage : le *Traité du sublime*. Rédigé en grec, sous forme de correspondance, ce traité décrit une expérience profane si forte, si transcendante, qu'elle a suscité l'émoi au sein des sphères dirigeantes. Dans les siècles qui ont suivi, sans doute sous la pression conjuguée des religions et des politiques, le traité a été occulté.

Mais il n'a pas complètement disparu. Quelques exemplaires subsistaient dans des bibliothèques, bien à l'abri des regards. Dans les années 1670, il resurgit. Il n'est pas complet : sa dernière partie, dont il semble qu'elle ait été consacrée à la liberté de parole, a, elle, définitivement disparu. Boileau, homme de lettres, poète et polémiste, est l'auteur de sa renaissance : il le traduit du grec, l'annote, le préface et le publie. Son succès est énorme.

Le *Traité du sublime* aborde toutes sortes d'expériences à première vue disparates, mais qui ont pour critère commun l'élévation de la pensée et des sentiments. C'est « la foudre », une « force dévastatrice visant au ravissement ou à l'extase ». Ce n'est pas une passion, mais « un concours de passions », un « tableau d'ensemble », une apothéose. Boileau, dans ses annotations, prend l'exemple du discours où, dit-il, le sublime ne tient pas aux effets de style, mais à « cet extraordinaire et ce merveilleux qui frappe et fait qu'un ouvrage élève, ravit, transporte ».

Dès lors, la notion de sublime va embraser l'histoire de la pensée occidentale. Un siècle après Boileau, Kant s'empare à son tour de ce sujet et s'interroge : où se situe la frontière entre le beau et le sublime ? Il consacrera à cette question des pages magnifiques de sa *Critique de la faculté de juger*. Le beau, dit-il, c'est ce qui est harmonieux, ordonné, qui procure un plaisir esthétique. Le sublime, c'est tout autre chose. Il ne se situe pas seulement un degré au-dessus du beau, mais il relève de la démesure, de la grandeur qui déstabilise et ébranle. Il « dépasse toute mesure des sens » et, en comparaison, « tout le reste est petit ».

En décrivant le sublime, Kant raconte en fait l'expérience de l'hypersensibilité avec son intensité, sa démesure, ses paradoxes dans lesquels se conjuguent le trouble et le plaisir, la crainte et la plus profonde des joies, sa mise en rapport avec ce quelque chose de très haut qu'on appellerait, dans le langage d'aujourd'hui, « le spirituel ». Dans l'expérience du sublime, tu consens à ce qui te dépasse.

Le sublime est le jaillissement de l'infini. Il est le trouble à la vue d'un orage furieux sur une mer déchaînée, l'élévation devant des sommets enneigés qui se perdent dans les nuages, l'émotion dans le silence d'une forêt où les chênes se dressent, la nuit, au-dessus d'ombres solitaires. Il est l'enchantement face à un ciel étoilé que l'on admire tel qu'il est, en s'abandonnant au spectacle sans laisser intervenir la raison ni les questions. Il est la lune rousse qui, dans mon enfance, me commotionnait. Les yeux rivés sur elle, j'avais l'impression de perdre la raison tant elle me subjuguait.

Le sublime est une expérience irréductible, fondamentale, indispensable qui ne s'accomplit pas avec l'intelligence, mais avec les sens, avec le cœur, avec les émotions. « Le beau, écrit Kant, est comme une faveur, tandis que le sublime exerce une forme de contrainte qui emporte notre adhésion comme malgré nous. » On va à la rencontre du beau ; le sublime, lui, s'empare de nous sans crier gare.

Tout être humain, insiste-t-il, est ouvert à cette expérience intense, presque exagérée. Une expérience dans laquelle j'accepte d'être appelé par le grandiose, par l'universel qui réveille en moi un sentiment de respect, un vécu au regard duquel tout le reste semble sans importance.

Le sublime, c'est cette capacité d'être dans l'exaltation que vivent intensément les hypersensibles. Kant, qui les nomme « les mélancoliques », reconnaît qu'ils sont plus aptes que d'autres à vivre le rapport au sublime. Sans doute celui-ci est-il taillé à la mesure de leur capacité de se laisser transporter hors du cadre, de la norme, de l'ordonnancement. À sortir des automatismes qui pèsent pour imaginer, créer, s'enflammer, être dans le mouvement de la vie qui dépasse le monde habituel. À chaque ébranlement, notre humanité se déploie, nous sortons de l'ordinaire pour entrer dans un registre autre, où les mesquineries s'effacent et où seul subsiste un extraordinaire « oui » à la vie.

Le mouvement romantique naîtra de cette ouverture à une nouvelle sensibilité, à une nouvelle manière d'être au monde. Renouant avec la naturalité, un temps rejetée, de l'être humain, il va valoriser les expériences d'intimité avec la

Sublime

nature, la grandeur des émotions, des sentiments. Il va rappeler que l'enfermement dans la seule compréhension logique nous dépossède d'une expérience existentielle fondamentale. Il autorise à nouveau les débordements, le ravissement, le bonheur immense de l'oubli de soi.

Tes yeux méritent de rester ouverts sur la poésie du monde. Le sublime est certes cosmique, mais il est aussi extraordinairement banal que nager dans les vagues ou t'allonger un après-midi dans les champs, sous le soleil du printemps. Autorise-le.

CE QU'IL FAUT RETENIR

• Le sublime n'est pas le beau, il est une expérience de l'infini.

• Kant révèle aux hypersensibles qu'en allant au bout de certaines expériences paradoxales, troublantes, ils sont transportés.

• Abandonne-toi au sublime. Tu es enlevé, transporté, tu t'oublies toi-même.

• Tout humain est ouvert à cette expérience intense, presque exagérée. Les hypersensibles le sont encore plus que les autres.

EXERCICE

Souviens-toi d'expériences du sublime que tu as connues, dans lesquelles tu t'es senti complètement emporté. De moments grandioses, cosmiques même s'ils étaient objectivement simples : une marche au bord de la mer, une immersion dans la nature.

Tu n'y as peut-être pas porté attention, mais tu réalises, rétrospectivement, qu'elles appartiennent à une autre dimension de ta vie.

Pour moi, c'est le fait d'assister à un concert. En entrant dans la salle, je laisse tous mes problèmes à la porte pour accéder à un autre monde, magique.

Ce sublime-là n'est pas de l'ordre du bien-être, mais il me donne un souffle nouveau pour les semaines qui suivent.

Il me rappelle que ma vie est pleine et riche.

Depuis que je le sais, je m'autorise plus volontiers à assister à plusieurs concerts dans l'année.

Je donne droit à ces expériences hypersensibles du sublime.

33

NATURE

*Se libérer de son rapport au temps
et s'accorder à la vibration du monde*

Je connais des chefs-d'œuvre en peinture, je connais des monuments fascinants, je connais aussi des arbres remarquables.

À l'autre bout de la ligne du RER, dans l'arboretum de la Vallée-aux-Loups, j'ai découvert un arbre magique, un cèdre bleu pleureur géant qui étale ses branches sur une superficie incroyable de 700 m². Je vais régulièrement lui dire bonjour. Il n'est pas très âgé, cent cinquante ans à peine, ce qui n'est pas grand-chose dans la vie d'un cèdre, mais à mon échelle, quand je suis devant lui, je fais l'épreuve du temps, j'entre dans un autre temps, j'abandonne mon temps et, avec lui, mes problèmes et mes soucis. Je me promène sous ses branches, je m'arrête pour l'admirer. Je suis rassuré par son temps vaste et profond, ample et serein, qui me garde. Je me sens abrité, je lâche la discordance qui est mon quotidien et je suis réaccordé. Ma visite dure parfois une heure, parfois plus. Je lui dis au revoir quand je me sens bien. Cet arbre a le pouvoir de me guérir de toutes les blessures.

Il m'arrive, parfois, de m'évader un petit peu plus loin. Jusqu'à la mer. Elle a toujours été pour moi le lieu d'une expérience très singulière : en face d'elle, mon esprit se met en pause. Je l'observe pendant des heures, je me dissous dans son mouvement, je m'accorde à la vibration du monde. Mes soucis s'envolent, je suis autorisé à m'absorber dans chacune de ses variations, dans chacune de ses vagues, dans chaque nuage qui se reflète à sa surface. Je comprends que j'ai le droit d'être un nuage, et au fil des heures j'ai l'impression de devenir aussi léger que ce nuage. La mer que j'observe devient plus importante que tout au monde. Je sors de ma petite tour d'obligations et l'espace s'ouvre, infini, autour de moi. Je me dissous dans l'espace, je me perds dans l'espace, je me ressource. Je guéris. Mes problèmes me paraissent moins prégnants, moins lourds. En me remettant en rapport avec la vie, je retrouve en moi une confiance, une force très simple, très ordinaire, mais très puissante.

Quand il est en fleur, le petit cerisier qui s'est installé au bas de mon immeuble possède ce même étrange pouvoir de guérison. Il le possède d'ailleurs toute l'année, quand je jubile déjà à la seule perspective du moment magique de sa floraison, de ce matin où, en me réveillant, je le découvrirai entièrement paré de rose. Est-il banal, ce cerisier ? En sa présence, je me rappelle que le temps n'est pas routine. La puissance de déploiement de la vie en lui me remet face à la puissance de déploiement de la vie en moi, en nous. Je redeviens vivant, présent, ici, maintenant. Je jubile. Je suis à nouveau synchronisé avec ce qui est. Je me laisse jubiler jusqu'à devenir moi-même l'éclosion de ses fleurs.

Au fil de cette enquête, j'ai retrouvé une ancienne étude scientifique à laquelle très peu avaient prêté attention lors de sa publication. Elle avait été réalisée par un architecte américain, Roger Ulrich. Pour concevoir des établissements de santé bien adaptés, il s'était lancé dans un cursus de psychologie environnementale, puis avait fondé un centre de recherches interdisciplinaire unique en son genre, conjuguant deux disciplines : l'architecture et la médecine. Il a par la suite changé de métier, abandonnant son cabinet d'architecte pour devenir conseiller sur les environnements de soins.

Cette première étude, objet d'une longue enquête, avait été publiée en 1984 par l'exigeante revue *Science*. Elle portait sur des patients ayant subi une ablation de la vésicule biliaire, très douloureuse en phase postopératoire. À l'hôpital, certains de ces patients occupaient un lit avec vue sur un mur en béton, d'autres jouissaient d'une vue sur des arbres. Il est apparu que les premiers, qui ne voyaient que du béton, restaient un jour de plus à l'hôpital, consommaient plus d'analgésiques, souffraient de plus de complications et retrouvaient, selon le personnel infirmier, plus lentement le sourire, le moral et l'envie de plaisanter.

D'autres études ont été menées des années plus tard, quand ce sujet, confiné à de petits cercles, a commencé à interpeller un plus grand nombre. L'une des plus étonnantes a été entreprise en 2008 par Park et Matson, deux chercheurs du département d'horticulture de l'université du Kansas. Leurs sujets, des patients ayant subi une appendicectomie, ont été répartis en deux groupes dont l'un bénéficiait d'une plante ou de fleurs dans sa chambre, et l'autre en était privé. Étrangement, les patients qui eurent droit à une plante réclamaient beaucoup moins d'analgésiques que les autres... et leur niveau de stress et d'anxiété était nettement inférieur.

Une autre étude comparative menée sur des prisonniers révèle que ceux qui bénéficient de cellules donnant sur un jardin ou un arbre se rendent beaucoup moins souvent à l'infirmerie. Et l'on pourrait multiplier les exemples – les études de ce type sont aujourd'hui relativement nombreuses.

Ces données ont bouleversé la conception de la nature qui prévaut depuis des siècles dans nos sociétés. Nous la pensions comme extérieure à nous. Nous prenions plaisir à l'admirer comme un beau spectacle. Nous avions oublié que nous

Nature

sommes aussi des êtres naturels qui font partie de la nature, qui ne sont pas seulement en face d'elle, différents d'elle. Cela, seuls les hypersensibles le savent et le vivent.

Si le cerisier en fleur sous mon immeuble possède le pouvoir de me guérir, c'est parce que, en réalité, je ne suis pas seulement en train de le contempler, mais de le sentir.

En le regardant, je devine que la vie qui grandit en lui grandit en moi aussi. Il me porte, il me soutient, il me nourrit, il me pousse à entrer, comme lui, dans la vie. C'est ce que Merleau-Ponty appelait la « présence opérante » de la nature.

C'est vrai pour tout le monde, ça l'est encore plus pour l'hypersensible qui vit dans l'intensité, dans le désordre, dans la discordance. Il, elle, a profondément besoin de se retrouver dans un environnement sensible, vivant, qui l'apaise par sa simplicité féconde. Plus rien ne lui est demandé, sinon de vivre une complicité harmonieuse.

Quand tu te sens submergé, quand tes antennes s'affolent, sors, regarde un arbre, une fleur, oublie-toi quelques instants, deviens un arbre, deviens une fleur. Autorise-toi, comme eux, à te déployer, à occuper ton espace. Avec eux, réaccorde-toi au mouvement de la vie qui est là, toujours en transformation. Rien n'est immuable…

CE QU'IL FAUT RETENIR

- L'hypersensible a un besoin viscéral de nature. Il est important de respecter ce besoin.

- Nous sommes avant tout des êtres vivants et il nous est indispensable de savoir rester en rapport avec la vie.

- Le pouvoir thérapeutique de la nature, ne serait-ce que d'une plante verte ou d'un bouquet de fleurs, est corroboré par une série d'études scientifiques.

EXERCICE

La nature n'est pas forcément la grande forêt. Elle peut être le petit parc près de chez toi.

Tu vas prendre l'habitude d'aller de temps en temps t'y promener en toute hypersensibilité, c'est-à-dire en laissant ton hypersensibilité libre de s'épanouir, sans la filtrer, sans la retenir, sans chercher à comprendre pourquoi cette chenille ou cette fleur ont le pouvoir de te captiver.

Laisse venir tout ce qui vient : aucune promenade ne ressemblera à l'autre.

J'ai croisé, lors d'une promenade, un étrange petit insecte vert que je n'avais jamais vu auparavant.

Mon regard l'a-t-il troublé ? Je regardais sa carapace, en fait il s'agissait d'ailes. Il les a déployées, il s'est envolé tout là-haut, là où j'ai cessé de le voir.

Ce petit miracle m'a enchanté.

34

DARWIN

*Pourquoi l'évolution
sélectionne les hypersensibles*

À quoi servent les hypersensibles ? C'est l'étrange question à laquelle W. Thomas Boyce, un pédiatre et pédopsychiatre américain, a consacré l'essentiel de ses recherches portant sur la part de l'héritage génétique dans l'hypersensibilité. Lors d'un congrès, il a rencontré un autre passionné de ce curieux sujet, Bruce Ellis, un psychologue également américain, auteur de plusieurs articles publiés dans des revues scientifiques de très bonne tenue. Les deux hommes ont fait équipe avec un objectif : expliquer pourquoi les hypersensibles ont été protégés par l'évolution depuis des centaines de millénaires.

Car l'hypersensibilité n'est pas seulement une affaire d'humains. Boyce avait déjà travaillé avec le primatologue Steve Suomi sur des populations de macaques. Ils avaient mené des séries de tests très élaborés, dont la prise de la température des singes par les oreilles : les sujets les plus timides et les plus réactifs au stress ont la température de l'oreille droite plus élevée que celle de l'oreille gauche, témoignant d'un fonctionnement différent des deux lobes du cerveau. Les divers tests avaient permis de démontrer que chez les singes, comme chez nous, 15 à 20 % des sujets jeunes ont un profil « hautement réactif » aux situations nouvelles ou stressantes.

Ce profil ne serait pas seulement le fruit d'une histoire personnelle, mais d'abord d'une sensibilité neurologique, donc organique. Il est inscrit, affirme Boyce[1], dans notre phénotype qui est l'expression de nos gènes, de notre ADN. Cette étrangeté résulte de mutations qui se sont produites durant le processus de l'évolution, étalé sur des centaines de millénaires.

Si ces mutations ont été privilégiées par l'évolution, c'est évidemment parce qu'elles ont leur utilité, sinon elles auraient disparu. Elles ont même une double utilité, affirme Boyce : elles augmentent les chances de survie des individus, donc de l'espèce, non seulement dans les environnements paisibles que privilégie l'hypersensible, mais aussi dans les situations stressantes.

On comprend cette affirmation dès lors que l'on est familiarisé avec le mode de fonctionnement des hypersensibles.

---

1. W. Thomas Boyce, *L'Orchidée et le Pissenlit*, trad. A. Souillac, Michel Lafon, 2020.

Dans les situations stressantes, ces derniers font, depuis la préhistoire, office de vigies : leurs antennes déployées leur permettent en effet de percevoir les dangers avant les autres et donc de prévenir le groupe. Une trace sur le sol, des branchages anormalement éparpillés, et ils savent qu'un prédateur ou une proie sont à proximité, que l'orage va advenir, que telle grotte n'est pas suffisamment sécurisée ou que tel rocher menace de tomber.

Ils sont tout aussi nécessaires au groupe dans les périodes paisibles. Leur ouverture, leur réceptivité leur ont toujours permis de distinguer les plantes comestibles et celles qui soignent, de juger de la qualité sanitaire d'un environnement, d'explorer les défis de la nouveauté, de mettre en place les premières initiatives d'agriculture et d'élevage, d'inventer des outils, en somme de favoriser la croissance et donc la bonne santé du groupe.

« La persistance étrange de la réactivité qui, nous le savons désormais, est liée à la maladie et aux troubles mentaux au sein des populations humaines, serait donc due à ses vertus protectrices face à l'adversité », affirme Boyce, en insistant sur l'importance du taux de 15 à 20 % d'hypersensibles dans une société donnée afin qu'elle puisse fonctionner normalement. Les hypersensibles sont d'une certaine manière plus vulnérables que les autres, mais ils sont surtout incroyablement plus compétents.

Suis-je hypersensible ?

Les travaux de W. Thomas Boyce l'ont amené à un autre constat : aussi bien chez les macaques que chez les humains, certains sujets hypersensibles sont beaucoup plus souvent malades que les autres, d'autres sont très nettement en meilleure santé, tant physique que psychique.

Au-delà de la base génétique qui détermine l'hypersensibilité, il a mis en évidence un autre facteur qui explique l'évolution des hypersensibles : le contexte dans lequel ils grandissent et vivent. L'hypersensible reconnu dans son hypersensibilité, bénéficiant de conditions agréables, apaisantes, est plus solide que la majorité de la population. C'est comme si son hypersensibilité, nourrie par un contexte épanouissant, lui donnait des moyens supplémentaires de se développer.

Avec le recul, ce constat m'a aidé à comprendre ma propre histoire. Je n'ai pas eu une enfance facile : mes parents étaient adorables, certes, mais ils n'avaient ni le temps ni les connaissances suffisantes pour accueillir l'hypersensible que j'étais et qui demandait une attention plus grande. En toute bonne foi, ils essayaient de lutter contre mon hypersensibilité, rêvaient que je devienne un enfant comme les autres, et c'était terrorisant. J'étais souvent malade, en colère, en désarroi.

Malgré les souvenirs que j'en conserve et qui sont, pour certains, assez traumatisants, j'ai réussi par la suite à habiter mon hypersensibilité en me créant les conditions de sécurité et de confiance qui la transforment en atout. Je comprends aujourd'hui pourquoi, même quand j'étais jeune adulte et sans grands moyens, j'avais besoin d'avoir ma bibliothèque chez moi. Elle occupait beaucoup d'espace dans un petit logement, mais la présence autour de moi des livres que j'aime et qui me nourrissent me réconfortait au-delà de l'imaginable. Je le savais de manière intuitive. J'ignorais que la sécurité affective que cette bibliothèque me procurait était la condition de ma santé et de mon ouverture optimale au monde.

La bonne nouvelle est que l'on ne porte pas toute sa vie le poids de son enfance : l'hypersensible n'est jamais condamné, il a toujours droit à un nouveau départ, et c'est sans doute pourquoi il a été sélectionné par le processus de l'évolution parmi tant de porteurs d'autres particularités qui ont certainement existé, mais qui ont disparu.

À tout moment de ta vie, tu peux « rectifier le tir » en discernant puis en construisant ton espace de sécurité, un environnement socio-émotionnel qui transforme ton hypersensibilité en force. Il peut s'agir de quelques amis avec lesquels tu te sens bien, de ton travail dans lequel tu t'épanouis, de tes enfants avec qui tu as développé une relation vraie, profonde. Ou alors d'une pièce de ta maison où tu te sens bien, entouré d'objets que tu aimes, qui te parlent, t'apaisent. Construire ce contexte est un travail sur le long cours. Mais cela en vaut la peine...

CE QU'IL FAUT RETENIR

• Ne t'en veux pas d'être hypersensible : cette qualité est inscrite dans tes gènes.

• C'est une qualité si précieuse qu'elle est protégée, depuis des centaines de millénaires, par le processus de l'évolution.

• Une proportion de 15 à 20 % d'hypersensibles est indispensable à toute société pour qu'elle puisse fonctionner et se développer.

• Tu as le pouvoir de faire de ton hypersensibilité une force colossale en créant un espace de sécurité au sein duquel tu peux te ressourcer et t'épanouir.

EXERCICE

Nous avons chacun un contexte de sécurité, un lieu, une situation dans laquelle nous nous sentons affectivement protégés et sur laquelle nous prenons appui pour nous épanouir et nous ouvrir au monde. Mais il n'est pas donné de le discerner d'emblée.

Tu vas prendre le temps qu'il faut, répertorier des lieux, des situations qui te sécurisent et procéder ensuite par exclusion jusqu'à trouver « ton » point d'ancrage.

À toi ensuite de le cultiver, de le préserver, de faire en sorte qu'il te donne l'appui nécessaire pour que ta sensibilité devienne une force.

Conclusion

LE BONHEUR

Le jour où j'ai rencontré Anne-Sophie Pic, elle revenait de son jardin, une brassée d'herbes aromatiques dans les bras. Elle rayonnait, prête à rejouer différemment l'accord entre le tagette et l'estragon du Mexique, additionnés de cardamome verte. « Je suis dans une quête probablement excessive de la perfection de l'équilibre des goûts », me confia cette hypersensible, avant d'ajouter : « C'est l'essence même de la vie. »

Ce jour-là, la cheffe triplement étoilée m'a donné une leçon de bonheur qui se résume en un mot : la justesse. Elle me l'a dit avec ses propres mots : « La justesse, c'est une évidence pour moi. C'est la base de la cuisine : dès que c'est compliqué et que ça ne donne pas d'émotions, laissez tomber. Enfin, pas toujours : les fulgurances de la justesse n'adviennent pas tout le temps. Il y a des plats, des creux, des montées... »

Suis-je hypersensible ?

L'art d'être juste est l'art de l'hypersensibilité. C'est l'art du bonheur. J'ai essayé de le penser, mais il n'est pas le fruit d'un raisonnement ni d'un travail intellectuel. Il ne se mesure pas à l'aune de l'intensité ni de la quantité, il ne se planifie pas, ne se prévoit pas. Il se vit, il se détecte au sentiment de plénitude, de complétude qui nous envahit. Il est l'art du simplement vrai que l'hypersensible ressent de toutes les fibres de son corps, de toutes les pensées de son esprit.

Il est une histoire d'amour. Il est le sourire de ma grand-mère quand elle sortait du four sa tarte au fromage, si simple mais si bonne. Il est le dessin que rapporte un enfant pour la fête des Mères ou des Pères. Il est le comédien qui pose son ton, sa phrase au bon moment. Il est le sourire du maraîcher devant ses premières tomates. Il est une émotion jubilatoire que l'on a aussitôt envie de partager, de transmettre. Il est ce sentiment d'accomplissement à travers lequel on sait que notre humanité, comblée, se déploie.

On identifie le bonheur à un état de bien-être continu, à une route lisse, sans bosse ni trou, à un ersatz de satisfaction. La vie d'un hypersensible ne répond heureusement pas à cette idée étriquée.

Elle est la vraie vie. Elle est une aspiration continue au whaou !, au sublime, au vrai, au juste. Elle ne se contente pas de peu. Elle exige de toi que tu retrousses tes manches pour aller au contact du réel, elle te demande de t'engager dans ce que tu aimes.

Tu connaîtras des moments de frustration, ils font partie de la vie. Ils sont des bénédictions : grâce à eux, tu vas toujours plus loin dans ta quête qui ne se satisfait pas de l'ordinaire. Tu vas avancer sur un chemin qui est lui-même ton bonheur.

Car c'est là la clé que découvre tout hypersensible : le bonheur est de s'engager dans sa vie. Nous sommes tous amoureux de quelque chose. Et toi, de quoi es-tu amoureux ? Trouve ta voie, trouve ton chemin, laisse-toi nourrir de ce qui est vrai pour toi. Reçois ce don, c'est lui qui te donne accès à la joie première. Au bonheur vrai...

REMERCIEMENTS

À Djénane Kareh Tager qui garde le feu sauf, quels que soient les vents contraires.

À Alexis Lavis, toujours prêt pour la grande et sublime aventure.

À Hadrien France Lanord qui est toujours, dans le plus essentiel, à mes côtés.

Ce livre a été nourri de profondes rencontres et je voudrais ici remercier :

Michel Le Van Quyen pour son chaleureux partage de ses recherches en science cognitives.

Francis Taulelle qui, avec tant d'honnêteté, m'a éclairé sur les sentiers méconnus de l'esprit humain.

Philippe Aim pour nos discussions sur le Talmud et à qui je dois bien des lumières sur l'histoire de Jacob présentée dans ce livre.

Catherine Vasey qui a bien voulu partager avec moi sa profonde expérience des formes nouvelles de la souffrance au travail.

Éric Safras qui, suite à une vidéo postée sur ma chaîne youtube, a tenu à m'écrire pour partager son expérience sur le sens des super-héros.

Suis-je hypersensible ?

Je remercie tous ceux qui m'écrivent en particulier sur les réseaux sociaux et qui partagent avec moi leur expérience de vie et leurs questions – c'est eux qui m'ont conduit à écrire ce livre.

Je remercie Jeanne Siaud-Facchin, W. Thomas Boyce, Christel Petitcollin, Evelyn Grossman dont les travaux ont permis de commencer à interroger sur ce qu'est l'hypersensibilité.

Ce livre n'a pu voir le jour que grâce à :
Susanna Lea qui défend de façon toujours si heureuse mes livres et veille sur eux avec tant d'amour.
Guillaume Robert qui m'accompagne avec une si profonde justesse et compréhension et un revigorant enthousiasme.
Anne Blondat qui sait parler de mes livres avec une juste sincérité.

À Josephine Batale, Lamine Diaby et Halyna Vasilyev, les anges-gardiens, toujours si souriants et bienfaisants, de ma Tour fabuleuse.

Pour aller plus loin, vous pouvez retrouver Fabrice Midal sur son site internet : http://www.fabrice-midal.com

Vous pourrez vous abonner à sa newsletter, retrouver nombre d'enregistrements et de vidéos, de cours en ligne, de méditations spécifiques pour les hypersensibles.

Du même auteur

Foutez-vous la paix !, Flammarion|Versilio, 2017.
Sauvez votre peau !, Flammarion|Versilio, 2018.
Traité de morale pour triompher des emmerdes, Flammarion|Versilio, 2019.
Narcisse n'est pas égoïste, Flammarion|Versilio, 2019.
3 minutes de philosophie pour redevenir humain, Flammarion|Versilio, 2020.
Comment rester serein quand tout s'effondre, Flammarion|Versilio, 2020.

Philosophie

Comment la philosophie peut nous sauver ?, Flammarion, 2015 (Pocket, 2016).
La Tendresse du monde, l'Art d'être vulnérable, Flammarion, 2013.
Auschwitz, l'impossible regard, Seuil, 2012.
Conférences de Tokyo. Martin Heidegger et la pensée bouddhique, Cerf, 2012.
L'Amour à découvert, retrouvez une manière authentique d'aimer, Le Livre de poche, 2012 (paru en 2009 sous le titre *Et si de l'amour on ne savait rien*, Albin Michel).

La Voie du chevalier, Payot, 2009.
Risquer la liberté, vivre dans un monde sans repères, Seuil, 2009.

Poésie et art

Petite Philosophie des mandalas : méditation sur la beauté du monde, Seuil, 2014.
Pourquoi la poésie ? L'héritage d'Orphée, Pocket, Agora, 2010.
Rainer Maria Rilke, L'Amour inexaucé, Seuil, 2009.
Jackson Pollock ou l'Invention de l'Amérique, Éditions du Grand Est, 2008.
Comprendre l'art moderne, Pocket, Agora, 2007.
La Photographie, Éditions du Grand Est, 2007.

Méditation

Méditer, laisser s'épanouir la fleur de la vie, Marabout, 2016.
Être au monde, 52 poèmes pour apprendre à méditer, Les Arènes, 2015.
Méditer pour avoir confiance, 12 méditations guidées pour surmonter peur, angoisse et découragement, Audiolib, 2015.
Frappe le ciel, écoute le bruit, Pocket, 2015.
La Méditation, PUF, coll. « Que sais-je ? », 2014.
Méditations sur l'amour bienveillant, Audiolib, 2013.
Pratique de la méditation, Le Livre de poche, 2012.
Méditations, 12 méditations guidées pour s'ouvrir à soi et aux autres, Audiolib, 2011.

Composition et mise en pages
Nord Compo à Villeneuve-d'Ascq

Imprimé en France par CPI
en décembre 2020

Dépôt légal : janvier 2021
N° d'édition : L.01ELKN000750.N001
N° d'impression : 160548